BIRDSEARCH

MORE THAN 100 THEMED
WORDSEARCH PUZZLES

SIRIUS

SIRIUS

This edition published in 2023 by Sirius Publishing, a division of
Arcturus Publishing Limited,
26/27 Bickels Yard, 151–153 Bermondsey Street,
London SE1 3HA

ISBN: 978-1-3988-2626-7
AD010977NT

Printed in China

INTRODUCTION

"A bird does not sing because he has an answer. He sings because he has a song." *Joan Walsh Anglund*

Birds inspire and delight us. Who hasn't felt joy in their heart at the sound of birdsong, or awe and wonder at their ability to fly without fear? Birds are at once familiar to us as regular visitors to our bird tables yet, having evolved from dinosaurs, they're also otherworldly and a unique link to the past. This collection is inspired by our fascination with our feathered friends which is as strong today as ever with people all over the world sharing a passion for ornithology.

Inside you will find puzzles on songbirds, migratory and tropical birds, and many more. You'll also find profiles on individual birds and delightful bird-themed poems. To solve the puzzles, all you need to do is find the listed, bird-related words that are hidden within the grids. The hidden words can run in any direction: horizontally, vertically, and even diagonally. Where words are underlined, those are the only words you'll need to find and where none are underlined, simply look for all the words in the list.

Now turn the page to begin your bird-finding adventure and enjoy encountering familiar feathered friends as well as discovering new ones. Happy bird wordsearching!

Eagles

- ◊ BALD
- ◊ BATELEUR
- ◊ BLACK
- ◊ BONELLI'S
- ◊ BOOTED
- ◊ BROWN SNAKE
- ◊ CHACO
- ◊ CONGO SERPENT
- ◊ CRESTED
- ◊ CROWNED
- ◊ GOLDEN
- ◊ GURNEY'S

- ◊ HAAST'S
- ◊ HARPY
- ◊ LESSER FISH
- ◊ LITTLE
- ◊ MARTIAL
- ◊ PAPUAN
- ◊ PYGMY
- ◊ SANFORD'S SEA
- ◊ SOLITARY
- ◊ STEPPE
- ◊ TAWNY
- ◊ VERREAUX'S

```
E K A N S N W O R B S O P I G
F N V R M G S U D E T O O B O
A N A U P A P X R P B U A L M
B Z J F A Y Y G U O M L M I A
L C V X B V G P N A D E N T R
B C O N G O S E R P E N T T T
B R X E D G L U O A U R Z L I
S O P U O L U G L Y H X R E A
G W Q L I B A T E L E U R E L
U N D S A N F O R D S S E A V
R E C B H N S D E T S E R C T
N D H L L E S S E R F I S H A
E H A A S T S P L M D G X F W
Y O C C U N P E Z Y M G Y P N
S G O K W E S O L I T A R Y Y
```

A Parliament of Owls

◊ ASHY-FACED

◊ BAND-BELLIED

◊ BARE-LEGGED

◊ BARRED

◊ BURROWING

◊ CHACO

◊ EAGLE

◊ FEARFUL

◊ GRASS

◊ HORNED

◊ LITTLE

◊ MALAITA

◊ MASKED

◊ OMANI

◊ ORIENTAL

◊ OWLET

◊ PYGMY

◊ SCOPS

◊ SCREECH

◊ SERAM

◊ SOOTY

◊ TAWNY

◊ TUFTED

◊ WOOD

```
R O C A H C M H S C R E E C H
Y Y H E D E R R A B G D Q Z R
G N W C L R J T Z Z E R B L O
F X S Q O G A C T G D R A W L
O O U A J W A F G Q Q S L S H
J L B A N D B E L L I E D W S
B H D Y I H L D I H T R A K H
P Y G M Y E D K D N S A Y I R
F U P D R E D E K S A M T G W
E J R A T A T I A L A M O O L
A Y B F V P D F D E N R O H I
R H U C C C D Y E C Z D S L T
F T Q A T D E C A F Y H S A T
U S C O P S O R I E N T A L L
L U P G N I W O R R U B I H E
```

Bird Profile: Great Hornbill

Latin Name: *Buceros bicornis*

Family: *Bucerotidae*

Description: One of the largest members of the hornbill family, the great hornbill is distinctive for its large yellow beak and casque—a helmet-like structure above the bill. It has black wings, face, and chest, with a contrasting white neck, tail, and stomach and differences between the male and female are minor.

These social birds live in small family groups or flocks and normally mate for life. Males are seen engaging in casque-butting fights during courtship. They mostly eat a frugivorous—fruit-based—diet, particularly of figs.

Sounds: Great hornbills normally call in a loud series of grunts.

Distribution and habitat: They are found in deciduous and evergreen forests in a number of Asian countries including Nepal, Malaysia, and Vietnam.

Fun Fact: Hornbills are often nicknamed "farmers of the forest" due to the vital role their droppings play in the dispersal of fruit seeds.

```
S R E M R A F V T E I D D E J
G E L S O C I A L D V I A C E
N Z U A S E I R E S S S R A S
I S L Q T I U R F T I P D F U
P F G N S I A M I A E E H I O
P E A I J A V N N N C R O G R
O M W D F G C G G I H S R H O
R A O P U T R A D C R A N T V
D L L F I E G U A O A L B S I
F E L V A I O M N S E L I E G
A T E T N U O I U T K Y L G U
M R Y G S T M A T E S C L R R
I C H E S T S E R O F P O A F
L E R U T C U R T S K C A L B
Y N I C K N A M E D K C E N F
```

Collective Nouns

◊ ASCENSION

◊ ASYLUM

◊ BATTERY

◊ CHARM

◊ CORRAL

◊ DANCE

◊ DECEIT

◊ FLOTILLA

◊ FLUSH

◊ HUDDLE

◊ LAMENTATION

◊ MUSTER

◊ PALETTE

◊ PARTY

◊ RADIANCE

◊ RATTLE

◊ SCOOP

◊ SHIMMER

◊ SKEIN

◊ SLURP

◊ TREMBLING

◊ UNKINDNESS

◊ VATICAN

◊ WARP

```
P A L L I T O L F N H A P H H
Y R A D I A N C E E A S U T Y
S D A I N R B W U S L D U G D
L U T W U O P T Y W D T P L M
U K M R E F I L D L X O T S F
R K D R E N U T E A O T U A S
P E A G N M O L A C M R D S R
P P M J A J B I S T I W E C E
U B R M C T K L S X N N Q O T
E A A R I B B N I N D E U R S
C T H E T H J I I N E T M R U
N T C W A S S E I Q G C W A M
A E Y T V P M K K X F Q S L L
D R Q I Z S N S E T T E L A P
A Y K W N U D P X S P A R T Y
```

Bird Families (Common Names)

◊ BUSTARD

◊ CARACARA

◊ CUCKOO

◊ DOVE

◊ FALCON

◊ FINCH

◊ FLAMINGO

◊ GREBE

◊ HOATZIN

◊ KAGU

◊ KIWI

◊ LOON

◊ MESITE

◊ NIGHTJAR

◊ OSTRICH

◊ PENGUIN

◊ PIGEON

◊ RHEA

◊ SERIEMA

◊ STORK

◊ SWAN

◊ TROGON

◊ TROPICBIRD

◊ TURACO

```
N O C L A F A N Q F M J Z J T
X A Z V B M I T U R A C O R N
X L D U E G R E B E Z W O A A
S X C I H S T B C Q S P W E F
W N R T F I U A I V I S Y L Z
W E J S S S R K H C U G A K U
S A C E T A H C B C B M R Z H
R M M A C O I I C C I O U B V
E E R A A R R V Q N H M R F W
V D R T T D Y K G S T C F V C
O A Z S F R L O K T R L N U L
D I O E T O H I I H O A C I R
N O E G I P W E W R G K Y F F
H L O O N I Q H A N O S D G R
N I U G N E P I X O N U X E X
```

6   ***"Hope" is the thing with feathers* by Emily Dickinson**

"Hope" is the thing with feathers –

That perches in the soul –

And sings the tune without the words –

And never stops – at all –

And sweetest – in the Gale – is heard –

And sore must be the storm –

That could abash the little Bird

That kept so many warm –

I've heard it in the chillest land –

And on the strangest Sea –

Yet – never – in Extremity,

It asked a crumb – of me.

```
C E L V D L U O C W T E U X S
A L P F B U K K Y T N T U S T
A K H O A O X N S U S B P F R
D R A E H S A E T E I O J E A
I R I T M M T W L R T H T X N
L I T T L E J L D S Y S K T G
V G A L E S I N G S U S U R E
S C I W G H Z I L M I S T E S
R R S D C N R S M N D A U M T
E U Y T Z W I D R R R U O I R
H M F E A V N H O M Q H H T E
T B C R R A Z W T Y S O T Y V
A B M S L O Y A S A E R I N E
E E K E P T S U B I U T W B N
F O S D E K S A P E R C H E S
```

15

Songbirds

- ◊ BABBLER
- ◊ BUNTING
- ◊ CARDINAL
- ◊ CATBIRD
- ◊ DUNNOCK
- ◊ FLYCATCHER
- ◊ GOLDFINCH
- ◊ HONEYEATER
- ◊ NIGHTINGALE
- ◊ ORIOLE
- ◊ PARROTBILL
- ◊ SEEDEATER
- ◊ SKYLARK
- ◊ SPARROW
- ◊ STARLING
- ◊ SWALLOW
- ◊ TANAGER
- ◊ THRASHER
- ◊ THRUSH
- ◊ WAGTAIL
- ◊ WARBLER
- ◊ WAXBILL
- ◊ WAXWING
- ◊ WOODLARK

```
R K L L L I B T O R R A P R N
R E H S A R H T O D L W E U A
L L I B X A W M R S O G W H H
B U N T I N G I E R R N O W C
R E L B B A B E R Q I I O R N
H S U R H T D A H G O L D E I
L C J G A E P S H F L R L L F
A C O C A S Y T K A E A A B D
N P M T D G I W W Y X T R R L
I O E K K N E S A C L S K A O
D R W A G T A I L X Z A W W G
R E G A N A T M K D W D R I D
A F L Y C A T C H E R I S K V
C E E K I D U N N O C K N H E
S H R E T A E Y E N O H E G K
```

Ornithologists

◊ ABBOTT	◊ GUNNING
◊ ALDRICH	◊ KOENIG
◊ CAMARGO	◊ KOEPCKE
◊ CHERRIE	◊ KOLLIBAY
◊ DOMBROWSKI	◊ KOZLOVA
◊ DUBOIS	◊ KRABBE
◊ FALLA	◊ MCCLURE
◊ FLEMING	◊ NEUMANN
◊ FORSTER	◊ NICOLL
◊ FRISCH	◊ ODDIE
◊ GADOW	◊ PHELPS
◊ GLADKOV	◊ PIZZEY

```
K S A A B D Y U C S A D W F Q
W C I I G L T A E S P E R K K
X H S O F N M C B A H G E O R
K E N T B A I H U I E Y T E I
C R K A R U C N S U L F S N K
G R A G B S D E N K P L R I S
F I O B I B A U R U S L O G W
B E P R B J O Q S U G L F K O
H O F O Z E K T T A L O Z D R
C F L E M I N G T V Z C D F B
I L G R E K C P E O K I C S M
R N N A M U E N S L E N J M O
D Z Y L D S X P I Z Z E Y A D
L G C L T O K Q X O R X Q H Y
A L L A F P W V O K D A L G P
```

9

Bird Profile:
Kakapo

Latin Name: *Strigops habroptilus*

Family: *Strigopoidea*

Description: The kakapo is the largest parrot native to New Zealand and is moss-green with darker mottling and a pale, owl-like face and fine feathers that resemble whiskers.

The only known flightless parrots, kakapo are solitary and nocturnal. Their lack of flight does not stop them from getting around however, as they have developed strong legs and a jog-like gait allowing them to cover good distances.

Sounds: During "lekking", or engaging in courtship rituals, the male digs a bowl into which he makes a deep boom call, attempting to attract a mate.

Distribution and habitat: The introduction of mammalian predators saw numbers drop as low as 50 in the 1990s and they are now found only in small, protected numbers on certain islands.

Fun Fact: The plight of the kakapo was featured in the television series *Last Chance to See* during which Sirocco took a fancy to zoologist Mark Carwardine, gaining himself an international following.

```
C I D E P O L E V E D I G S B
H O Y D E T C E T O R P W O N
I P V R W H I S K E R S W S A
M A R E E T D E B K P L P R I
S K C E R K V E F Y I S L E L
E A F C D I R A R Y H N I B A
L K S N T A N A F U S U G M M
F N D A W C T O D R T S H U M
G N N H Y I L O E N R A T N A
N B A C L L C H R I U G E O M
I O L O O C T K K S O O A F P
T O S W O A T T R A C T F I J
T M I R E L A N R U T C O N T
E N I F E N I D R A W R A C F
G S E C N A T S I D K N O W N
```

21

Birds that Migrate

◊ BALD EAGLE

◊ BEE-EATER

◊ BLACKCAP

◊ BULBUL

◊ BUNTING

◊ CRANES

◊ FLYCATCHER

◊ GODWIT

◊ HARRIER

◊ HAWK-CUCKOO

◊ HUMMINGBIRD

◊ PELICAN

◊ PEREGRINE

◊ REDPOLL

◊ RUBYTHROAT

◊ SANDPIPER

◊ SHOVELER

◊ SHRIKE

◊ SPOONBILL

◊ STORK

◊ SWALLOW

◊ TERN

◊ WAGTAIL

◊ WRYNECK

```
S A N D P I P E R L N H E K W
H P W G N I T N U B O R C R O
N A C I L E P B W O L T E H L
V C I D Z L L R K L Q A U T L
S K B A N U Y C O F J M B M A
H C G E B N U P L E M Z D E W
O A D N E C D Y L I O F N J S
V L Z C K E C G N K A I K S P
E B K W R A A G Q E R T C C G
L N A X T E B T K G Z O G Y O
E H G C D I G I E Y C N T A D
R R H L R J R R C R A N E S W
I E A D O H E H A R R I E R I
R B O T S P O O N B I L L D T
Q R W T A O R H T Y B U R W J
```

Fictional Birds

- ◊ ABIGAIL
- ◊ ALBERTINE
- ◊ AMELIA
- ◊ BECKY
- ◊ BIG BIRD
- ◊ BILLINA
- ◊ DIABLO
- ◊ DICTABIRD
- ◊ FELIX
- ◊ FLIT
- ◊ HEDWIG
- ◊ HUGIN
- ◊ IAGO
- ◊ MUNIN
- ◊ ORVILLE
- ◊ PINGU
- ◊ QUOTH
- ◊ RAFAEL
- ◊ SERENA
- ◊ THE DODO
- ◊ TWEETY
- ◊ WILBUR
- ◊ WOODY
- ◊ ZAZU

```
C S E K W I A T N X D H R R I
N P Z N B R O S I I S I Y J A
N L Z E I X C L Q L G W M M N
I I M W G T E Q B G R U I C P
N A A I B F R A F A E L H S J
U G Z T I O S E I W I R C S H
M I R G R V A W B I B D S T U
D B M M D N O T F L I T O R E
Z A H C I O Y W G B A U T H L
H Z T L D A Y E E U Q U H S L
O E L Y M W S E K R D A E I I
O I D E D I C T A B I R D Z V
B G L W E G F Y K C E B O A R
U I A P I N G U B N D I D Z O
A V I I P G R L A A Y V O U B
```

Baby Birds

◊ CHEEPER

◊ CHICK

◊ CYGNET

◊ DUCKLING

◊ EAGLET

◊ EYAS

◊ FLAPPER

◊ FLEDGLING

◊ GOSLING

◊ HATCHLING

◊ JAKE

◊ JENNY

◊ JUVENILE

◊ KEET

◊ LOONLET

◊ NESTLING

◊ OWLET

◊ PEEP

◊ POULT

◊ PULLET

◊ SQUAB

◊ SQUEAKER

◊ SQUEALER

◊ SUBADULT

```
B B N U R T E G N I L S O G D
U M U Q E R E L A E U Q S O R
J E N N Y D K L I H G N N U E
R S G X D J C S L N U Q F D K
O Y U J W C I K S U E M V G A
C V T B E T H L X Q P V N R E
P T L G A K C Y O F U I U T U
P G U N K D A H H O L A E J Q
T N O I R I U J E T N E B K S
E I P L S Z X L S E K L T E Q
L L M G O P X E T L P G E R Q
W K E D E Q N Y K G W E D T C
O C M E N H E A J A R V R A C
V U P L Y J K S R E P P A L F
G D A F G N I L H C T A H K C
```

27

13
Bird Profile:
Atlantic Puffin

Latin Name: *Fratercula arctica*

Family: *Alcidae*

Description: This squat little seabird has a black crown and back, white undersides, and off-white cheeks. It has bright orange legs and feet but is most recognizable by its bill—a wide triangle that is reddish-orange, charcoal, and yellow—though the brighter parts are shed before winter. All of this adds up to a distinctive and comical-looking bird nicknamed the "clown of the sea". Juveniles are sweetly called pufflings.

Distribution and Habitat: Found in cooler parts of the north Atlantic, with more than 60% of the global population to be found in Iceland.

Fun Fact: Bad at flying and not particularly graceful in flight, puffins make up for this by being excellent swimmers, using their wings to "fly" through the water. When they do attempt flight, they make an ungainly take off, running across the surface of the ocean. It is easy to see why these little birds are beloved by many.

```
E C A F R U S Y L N I A G N U
B E L O V E D I T P M E T T A
D N A L E C I T A U Q S Y H W
F C O O L E R R S E A B I R D
O L H D I S T I N C T I V E A
R W Y E E S Y E L L O W B C W
A A N I E M C L O W N I R I S
N T J A N K A G S V L O N Y R
G E L I E G S N C L S G N W E
E R N A L C I A K S S A X I M
H T R O N F O I T C M M W N M
V G B W F T X R B R I G H T I
Z A O U V L I T T L E N I E W
L R P H G R A C E F U L T R S
C S E L I N E V U J H D E H S
```

29

Tropical and Rainforest Birds

◊ ANTBIRD

◊ ANTSHRIKE

◊ ARACARI

◊ BROADBILL

◊ BULBUL

◊ CARACARA

◊ CRIMSON TOPAZ

◊ HARPY EAGLE

◊ HOATZIN

◊ JABIRU STORK

◊ KING VULTURE

◊ KINGFISHER

◊ LORIKEET

◊ MACAW

◊ MOTMOT

◊ NIGHTHAWK

◊ OROPENDOLA

◊ PARROT

◊ RED LORY

◊ TOUCAN

◊ TROGON

◊ TROPICBIRD

◊ TRUMPETER

◊ WOODCREEPER

```
Z O E L G A E Y P R A H E I F
O T C R I M S O N T O P A Z N
P W O V X W V K A R A E L I M
A O U U J A B I R U S T O R K
R O N K C C N N E M A S D A B
R D C I T A A G D P L L N C Q
O C M N R M N V L E L O E A C
T R O G O N T U O T I R P R A
A E G F P H S L R E B I O A R
N E M I I O H T Y R D K R Q A
T P O S C A R U Q Z A E O D C
B E T H B T I R B D O E A Y A
I R M E I Z K E H M R T V Y R
R E O R R I E B U L B U L I A
D H T Y D N N I G H T H A W K
```

Bird Derived First Names

◊ ARVID

◊ BIRDIE

◊ BRAN

◊ CALLUM

◊ CELANDINE

◊ CHENOA

◊ CIRCE

◊ COLM

◊ DERYN

◊ DOVE

◊ GAWAIN

◊ JAY

◊ JONAH

◊ LARK

◊ MANU

◊ MERLE

◊ MERLIN

◊ PALOMA

◊ PHILOMELA

◊ PHOENIX

◊ RAVEN

◊ RHEA

◊ ROBIN

◊ SEPHORA

```
V B N C W E A X Y U Y A C W R
Y I R X E A N L I N I A W A G
O R B C A O O I E N C K V J M
C D R H U N W F D M E R I U Y
E I A J V E C K D N O O L L C
C E N L Q H O R S P A L H A Q
A U U C P C Z A Y E A L I P U
T R O N S P E L A C P L E H H
T L V A A L X A I E H H O C P
M E V I R M R H V G H A O M D
N O X E D D N A D L Q R L R A
W E M E R L I N M E D M Q N A
T X V X P J B O W O R M P O L
M E G A A M O J V O S Y Z M G
Z O P Y R Q R E P Q J N N K E
```

16   Bird Profile: Blue Jay

Latin Name: *Cyanocitta cristata*

Family: *Corvidae*

Description: The blue jay is a large member of the songbird family and is most easily recognized by its lavender-blue plumage. It has a tufty crest on its head, a pale breast, and black and white markings.

A noisy bird, the blue jay makes its presence known when it sounds the alarm at signs of danger such as mimicking hawks to alert others to the presence of the bird of prey.

Sounds: The blue jay sings, makes sharp alarm calls, and has some skill in the mimicry of both humans and other birds.

Distribution and Habitat: They are found in forests and migrating flocks around shorelines in the United States and parts of Canada.

Fun Fact: The feathers are not actually blue, the pigmentation is melanin, which is brown, but it reflects and scatters light in such a way that it displays the distinctive blue the bird is known for.

```
M S E N I L E R O H S R U A F
A T K S Y A L P S I D E Y O S
R S G N I K C I M I M G U K K
K E M S O A W A Q E T N W E I
I R I C T W L U L T D A A P L
N O M A H N N A U L H D R P L
G F I T E A N F R Y S E L D T
S Y C T R I T S S M S U R S S
O E R E N Y T K I E M I A O R
N A Y R R A S E N A H E O U E
G S A S T N I C G B R O W N H
B I J E A G E E S B Y O T D T
I L S M C A N A D A L E E S A
R Y U M I G R A T I N G R A E
D H R E F L E C T S H A R P F
```

A Rainbow of Birds

◊ AZURE

◊ BLACK

◊ BROWN

◊ COPPER

◊ CRIMSON

◊ FERRUGINOUS

◊ GREEN

◊ LILAC

◊ OLIVE

◊ ORANGE

◊ PEACH

◊ PINK

◊ RAINBOW

◊ RUBY

◊ RUDDY

◊ RUFOUS

◊ RUSTY

◊ SILVER

◊ SLATY

◊ SNOWY

◊ TAWNY

◊ VERMILLION

◊ WHITE

◊ YELLOW

```
H M A Y S C S S N L G G W Q K
W M L N G O A X O O J R V K R
T H O W Q P T W S S D N E N M
L W I A V P D W M A Y C I E U
Y J I T Y E K V I N F E T S N
W B A N E R B Z R L R G Z S O
H U K A I S P T C V U N L E I
F E R R U G I N O U S A I R L
N Z W O L L E Y F H T R L U L
W J F E O T K S C Y Y O A Z I
O U T V P C N A Y Y U K C A M
R U T I A B E D W O B N I A R
B R N L N P D W A A X H E L E
Y K B O X U Z N M D G M W T V
P Y B U R J R E V L I S K U D
```

Birds with Eight-letter names

◊ AVADAVAT

◊ BATELEUR

◊ BEE-EATER

◊ BELLBIRD

◊ BOBOLINK

◊ CARACARA

◊ CARDINAL

◊ COCKATOO

◊ CURASSOW

◊ DABCHICK

◊ GAMECOCK

◊ GARGANEY

◊ HORNBILL

◊ KINGBIRD

◊ LORIKEET

◊ LOVEBIRD

◊ MEGAPODE

◊ NIGHTJAR

◊ OXPECKER

◊ PARAKEET

◊ POORWILL

◊ REDSHANK

◊ SHOEBILL

◊ SHOVELER

```
G S B K C I H C B A D C C Z M
Q L O V E B I R D Y J U T E K
R V B A T E L E U R R I G N G
E P O O R W I L L A L A A L A
L L L I B E O H S R P H T B M
E O I H G C T S R O S A B T E
V R N O A F O A D D V Y E R C
O I K R R W D E E A V E K A O
H K I N G B I R D E K J R J C
S E P B A I N A I A E A R T K
I E R I N H V Y R B C B X H A
W T K L E A T A J A L D E G T
Q T B L Y M P Q R O F L U I O
J C A R D I N A L G J J E N O
U R E K C E P X O C S C G B E
```

39

19   Birdwatching in Serengeti National Park

◊ AFRICAN CRAKE

◊ ALPINE SWIFT

◊ BARN OWL

◊ BAT HAWK

◊ BATELEUR

◊ BLACK KITE

◊ BRUBRU

◊ CAPE CROW

◊ FOXY LARK

◊ GARGANEY

◊ GREAT EGRET

◊ HAMERKOP

◊ HORUS SWIFT

◊ JACK SNIPE

◊ MACCOA DUCK

◊ MARSH OWL

◊ NYANZA SWIFT

◊ OSPREY

◊ ROCK MARTIN

◊ RUFF

◊ SHIKRA

◊ TREE PIPIT

◊ WHIMBREL

◊ WHINCHAT

O X G T E R G E T A E R G U H
B L A C K K I T E B R S Y Z O
W T V L W N I T R A M K C O R
Q U L W H I M B R E L T I W U
T F I W S E N I P L A R Y H S
M A C C O A D U C K O E E D S
A T A H C N I H W A R E N H W
F L W O H S R A M P Y P A A I
O F C N S W S A S C J I G M F
X U R B U R B O B B P P R E T
Y E P I N S K C A J N I A R F
L N Y A N Z A S W I F T G K F
A F R I C A N C R A K E E O U
R U A J C A P E C R O W D P R
K W A H T A B B A T E L E U R

Big Birds

- ◊ ALBATROSS
- ◊ BRONTORNIS
- ◊ CASSOWARY
- ◊ CRESTED IBIS
- ◊ DASORNIS
- ◊ EMPEROR
- ◊ EMU
- ◊ GASTORNIS
- ◊ HAAST'S EAGLE
- ◊ INDIAN PEAFOWL
- ◊ KELENKEN

- ◊ KORI BUSTARD
- ◊ MOA
- ◊ OSTRICH
- ◊ PELICAN
- ◊ STORK
- ◊ SWAN
- ◊ SYLVIORNIS
- ◊ TERROR BIRDS
- ◊ TITANIS
- ◊ TOCO TOUCAN
- ◊ TURKEY

```
V Y R A W O S S A C U N E T Y
D Y E K R U T U T O A Q C E I
G A S T O R N I S C Q S S R N
K E L E N K E N I S V I T R D
K H A Y R J P L S J B N O O I
O A A O V B E S T I W R C R A
R O T A M P O C D O E O O B N
I S S S R T E H P T T T I P
B N C T T T I M W H N O R E
U E J A R S S E T V D O U D A
S E B I E I W E B A O R C S F
T L M R K I C A A Q N B A H O
A Q C U N K V H N G A I N F W
R J H S I N R O I V L Y S A L
D A S O R N I S U J T E Q L G
```

43

21

Bird Profile:
Eurasian/Northern Wren

Latin Name: *Troglodytes troglodytes*

Family: *Troglodytidae*

Description: A round little bird, the wren is brown all over with lighter parts underneath and some darker barring. It normally holds its tail in a cocked position. They hop and flit about hedgerows foraging for insects, but as they blend in so easily they are often heard but not seen.

Sounds: With its joyful song, it makes up for its size with volume, sometimes trembling with the effort.

Distribution and Habitat: Found across much of Europe and Asia and parts of North Africa, in a range of habitats including shrubland, forests, and woodland.

Fun Fact: In Aesop's fable a competition is held to see which bird can fly the highest. Sitting on the back of an eagle, the wren waits for the eagle to tire, before hopping off and flying a little higher. The wren is declared the winner, thus earning its nickname—the king of birds!

```
R E N N I W D F L Y I N G L S
H I G H E R S N E R W V I D G
N S T W O O D L A N D G R S N
O W N E M U L O V L H I G R I
I O W L T S E J A T B N O T P
T R O F R P O C E S I U K S P
I E R W O Y I R T L N I R E O
T G B R F R D C B D N R A H H
E D U U F N E M N G N O S G S
P E L A E S E A R N I N G I P
M H L L N R B A R R I N G H O
O N B I T A I L F O R E S T S
C E D E K C O C S S O R C A E
O E U N D E R N E A T H S T A
J S T A T I B A H E L G A E C
```

All About Penguins

- ◊ ADELIE
- ◊ AFRICAN
- ◊ ANGOLA
- ◊ CHILE
- ◊ CHINSTRAP
- ◊ EMPEROR
- ◊ ERECT-CRESTED
- ◊ FAIRY
- ◊ FIORDLAND
- ◊ GALAPAGOS
- ◊ GENTOO
- ◊ HUMBOLDT

- ◊ ISLAND
- ◊ KING
- ◊ LITTLE
- ◊ MACARONI
- ◊ MAGELLANIC
- ◊ NAMIBIA
- ◊ NEW ZEALAND
- ◊ NORTHERN
- ◊ ROCKHOPPER
- ◊ ROYAL
- ◊ SNARES
- ◊ SOUTH AFRICA

```
H F O N E W Z E A L A N D J M
R I O E V Y U M M G N A S K L
O O T Q L X R H I H L I E Q U
R R N S Z T U I A R S B R H R
E D E C O M T L A L P I A P O
P L G X B G O I A F O M N A C
M A I O H G A N L E A A S R K
E N L H N Q D P A B C N Y T H
K D N A C I R F A H T U O S O
T M A C A R O N I L Y Q B N P
M A G E L L A N I C A L T I P
U L Q E F E I L E D A G P H E
L N B G N I K T A Y X I E C R
N O R T H E R N O Y E U G W F
Q J D E T S E R C T C E R E F
```

47

23 *Humming-Bird* by D.H. Lawrence

I can imagine, in some otherworld

Primeval-dumb, far back

In that most awful stillness, that only gasped and hummed,

Humming-birds raced down the avenues.

Before anything had a soul,

While life was a heave of Matter, half inanimate,

This little bit chipped off in brilliance

And went whizzing through the slow, vast, succulent stems.

I believe there were no flowers, then

In the world where the humming-bird flashed ahead of creation.

I believe he pierced the slow vegetable veins with his long beak.

Probably he was big.

As mosses, and little lizards, they say were once big.

Probably he was a jabbing, terrifying monster.

We look at him through the wrong end of the long telescope of Time,

Luckily for us.

```
G N I H T Y N A F L A S H E D
B T N H G U O R H T L L L W M
S R R O O H N E E U U T S O E
E H I A I G C N F V T S O F W
S E K L C T E W U I E L U L Y
S A O H L E A U L N S I L O L
O V O U T I D E L W D F L W B
M E L M K B A L R Y R E L E A
O G I M A G I N E C A O O R B
N E R E T T A M C C Z S N S O
S T Q D S D E C R E I P G G R
T A V E N U E S B D L R O W P
E B S M E T S D E P P I H C K
R L D E P S A G A E R O F E B
T E M I T L U C K I L Y G I B
```

49

Birds Beginning with... B

◊ BABBLER

◊ BALD EAGLE

◊ BANGGAI CROW

◊ BARBET

◊ BARN OWL

◊ BARRED HAWK

◊ BAT HAWK

◊ BAY COUCAL

◊ BEARDED TIT

◊ BELL MINER

◊ BESRA

◊ BEWICK'S SWAN

◊ BITTERN

◊ BLACKBIRD

◊ BLUEBIRD

◊ BLUETHROAT

◊ BLUETIT

◊ BOBOLINK

◊ BOREAL OWL

◊ BRAMBLING

◊ BROLGA

◊ BULLFINCH

◊ BUSTARD

◊ BUZZARD

```
B U S A R W R E L B B A B E B
L A C U O C Y A B R A W O N A
D R I B K C A L B C O R A H B
B U L L F I N C H R B W B L R
B A T H A W K B C O S T U E B
B O B U O B U I R S I E K O T
R H U X E Z A E K T T W B B R
A E J S Z G A C E H A O I U E
M B R A G L I U R H L I T S N
B A R N O W L O D I W V T T I
L D A W E B A E N E B A E A M
I B L B M T R K R E T Z R R L
N P B E A R D E D T I T N D L
G A R Y A E L G A E D L A B E
D R I B E U L B R O L G A T B
```

Bird Profile: Mourning Dove

Latin Name: *Zenaida macroura*

Family: *Columbidae*

Description: The mourning dove is mostly a plain, light ashy-brown, paler on the breast, and has dark spots on the wing. It is a medium-sized member of the dove family and is slender with a long, pointed tail.

Mourning doves are usually monogamous and so are frequently spotted in pairs. They lie on tree branches and on the ground to bathe in both the sun and rain.

Sounds: Like many members of the dove family, the mourning dove makes a distinctive cooing sound. When taking off and in flight the wings make a light whistling sound.

Distribution and Habitat: The are found in various habitats, from woodland to suburbia, across North America and the Caribbean.

Fun Fact: The mourning dove is a skilled flier which can often out-manoeuvre predators. It is also known to feign injury, drawing predators away from its nest and so protecting its eggs.

```
S P O T T E D R A W I N G M D
W H I S T L I N G P N A O R E
Y L I M A F V A R I O U S E L
S L E N D E R E G D R E E L L
N U S E Y V D N N N T M P A I
S C F T K A I A I S H O M P K
C E L F T O L N R W I N R T S
A E H O O D G E A N W O H A E
R N R C O U B T T O T G S I H
I S G O N M S E N E I A T B T
B N W I E A D K C L R M O R A
B I Z M E E R T F A A O P U B
E A F R G F I B T O I U S B A
A L B G D N U O R G N S W U D
N P S T G T D N U O F N E S T
```

53

Words That Rhyme With SHRIKE

◊ CHILDLIKE

◊ DISLIKE

◊ DOGLIKE

◊ DREAMLIKE

◊ DYKE

◊ GODLIKE

◊ JELLYLIKE

◊ KLONDIKE

◊ LADYLIKE

◊ LIFELIKE

◊ LOOKALIKE

◊ MIKE

◊ MINIBIKE

◊ MOTORBIKE

◊ OVERSTRIKE

◊ PSYCH

◊ REICH

◊ SPIKE

◊ SUCHLIKE

◊ TURNPIKE

◊ UNALIKE

◊ UNLIKE

◊ WAVELIKE

◊ WORKMANLIKE

```
E E K I L N A M K R O W C R F
M I N I B I K E K I L H C U S
D E E K I L E V A W I R I K E
E E K U J E L L Y L I K E I K
O K O I C E G O D L I K E S R
I I I O L G V L A D Y L I K E
G B F L F A I M I K E O U K T
H R I I A K K P M E S N Y D U
P O K E E N E O Q K L D K O R
S T E V H K U G O I L I H G N
Y O C C I S P Z K L S K R L P
C M I L X R H E O E P E D I I
H E S W E K I A Y F I R Y K K
R I O V E R S T R I K E J E E
D R E A M L I K E L E L I K E
```

Birds in Book Titles

◊ *A FEAST FOR <u>CROWS</u>*

◊ *ALL THE BIRDS, <u>SINGING</u>*

◊ *BIRDS OF A <u>FEATHER</u>*

◊ *BLACK SWAN <u>GREEN</u>*

◊ *<u>CHICKADEE</u>*

◊ *FLAUBERT'S <u>PARROT</u>*

◊ *LONESOME <u>DOVE</u>*

◊ *ORYX AND <u>CRAKE</u>*

◊ *OWL <u>MOON</u>*

◊ *<u>SEAGULL</u>*

◊ *SILVER <u>SPARROW</u>*

◊ *<u>SKYLARK</u>*

◊ *THE CRANE'S <u>DANCE</u>*

◊ *THE <u>CRANE</u> WIFE*

◊ *THE <u>CROCODILE</u> BIRD*

◊ *THE <u>CUCKOO'S</u> CALLING*

◊ *THE <u>GOLDFINCH</u>*

◊ *THE <u>HERON</u>*

◊ *THE <u>PIGEON</u>*

◊ *THE <u>RAVEN</u> BOYS*

◊ *THE <u>SNOW</u> GEESE*

◊ *THE <u>THORN</u> BIRDS*

◊ *THE <u>YELLOW</u> BIRDS*

◊ *<u>WIZARD</u> OF THE CROW*

```
E  S  L  J  P  Z  C  X  T  S  N  E  F  C  Y
L  C  L  I  Q  W  U  C  W  N  C  X  U  V  G
I  V  U  J  K  Q  R  O  P  N  E  C  R  F  W
D  H  G  P  T  A  R  A  A  A  K  E  E  O  S
O  C  A  H  K  C  E  D  S  O  R  A  R  R  T
C  N  E  E  I  B  N  R  O  H  T  R  D  G  W
O  I  S  R  Z  A  A  S  E  H  A  G  O  O  Q
R  F  E  O  I  B  R  G  E  P  G  P  N  T  Z
C  D  K  N  W  A  C  R  S  T  D  S  Z  P  Y
V  L  B  O  V  I  I  G  N  I  G  N  I  S  E
T  O  D  E  V  L  Z  M  A  W  H  G  V  A  L
L  G  N  M  T  Y  K  A  O  D  E  G  T  J  L
S  K  Y  L  A  R  K  R  R  O  O  Z  O  I  O
Y  K  R  S  B  J  C  Y  N  D  N  V  L  X  W
E  E  D  A  K  C  I  H  C  A  R  J  E  C  Q
```

Birdwatching Equipment

◊ BACKPACK

◊ BINOCULARS

◊ BIRD FEEDER

◊ BIRD GUIDE

◊ BOOTS

◊ CAMERA

◊ CHECKLIST

◊ COMPASS

◊ FLASHLIGHT

◊ FLEECE

◊ GILET

◊ GLOVES

◊ HARNESS

◊ HATS

◊ MAGNIFIER

◊ MAP

◊ MOUNT

◊ NOTEBOOK

◊ PEN

◊ RAINCOAT

◊ SCOPE

◊ STOOL

◊ TRIPOD

◊ WATER BOTTLE

```
Y B B N E M S M O U N T E O S
R I R I M G G I L E T H L E R
A R F C R C O F C I A S T M A
I D J O P D V C L T S C T A L
N F X M M B G O S E Z U O G U
C E L P T O W U N C E O B N C
O E E A Q H G R I T U C R I O
A D N S S X A E J D M H E F N
T E P S T H P R P Q E E T I I
R R S E V O L G A V G C A E B
I F K W C P V I M O R K W R Z
P Y I S E Y Q F G O C L H D K
O N O T E B O O K H H K I P M P
D A R E M A C L O O T S J E U
K C A P K C A B B O O T S O N
```

Passerines – Part One

ANTPITTA	LARK
ANTSHRIKE	MANAKIN
ASITY	MONJITA
BELLBIRD	PEWEE
BRISTLEBIRD	PHOEBE
COTINGA	RIFLEMAN
DIUCON	SHARPBILL
ELAENIA	SPADEBILL
GALLITO	TAPACULO
GNATEATER	TYRANNULET
KINGBIRD	UMBRELLA BIRD
KISKADEE	WAGTAIL

```
T A P A C U L O T A S I T Y B
R U M B R E L L A B I R D A D
D R I B G N I K A D B F I G T
G L N L E A M N Z R I L N N Y
N R Q D T L T E I O E U J I R
A D C G Q S L S V R V N C T A
T Q A T H A T B E E W E P O N
E W J R E L A O I B N P F C N
A B I N E Z L T T R E W B Q U
T K I B Z Q L C T I D O D E L
E A I S P A D E B I L L H V E
R R I F L E M A N K P L R P T
D O A Z A T I J N O M T A B U
F S H A R P B I L L W N N G K
E E D A K S I K N I K A N A M
```

Little… – Part One

BUTTONQUAIL

COCKATOO

CROW

CURLEW

EAGLE

EGRET

FRIARBIRD

GREEN-PIGEON

GULL

INCA-FINCH

KINGFISHER

NIGHTJAR

PENGUIN

RINGED PLOVER

ROCK-THRUSH

SPARROWHAWK

SWIFT

TINAMOU

WATTLEBIRD

WHITE-TERN

WOODPECKER

WOODSTAR

```
R E V O L P D E G N I R P B H
R O O T A K C O C Y F U N U C
N O E G I P N E E R G R I T N
K B C W O O D S T A R D G T I
W R E K C E P D O O W G H O F
A W A T T L E B I R D R T N A
H H I Q G H G B R U E Q J Q C
W I P K D B R E Q H L O A U N
O T P K N D E U S E G G R A I
R E W E Y K T I S O A V U I Z
R T I O N V F Z Q H E K L L I
A E F J R G T I N A M O U Y L
P R H I N C U D N U V U B C Y
S N M I W F R I A R B I R D O
M O K F Q S Y I N W E L R U C
```

Bird Profile:
Magnificent Bird-of-Paradise

Latin Name: *Cicinnurus magnificus*

Family: *Paradisaeidae*

Description: The male <u>magnificent</u> bird-of-paradise <u>truly</u> lives up to its <u>name</u>, with <u>golden</u> wings, a paler <u>yellow</u> cape, an <u>iridescent</u> <u>turquoise</u> breast, and long, <u>curved</u>, blue <u>tail</u> <u>plumes</u>. It also has brown, <u>dark</u> red, and <u>black</u> feathers. The female is a <u>plainer</u> bird with lighter <u>brown</u> feathers and whiteish <u>bands</u>.

The <u>males</u> of all <u>species</u> of birds-of-paradise are <u>known</u> for their <u>elaborate</u> plumage and extravagant <u>courting</u> dances with those exhibiting the most <u>stunning</u> performances and feathers <u>winning</u> females <u>over</u>.

Distribution and habitat: They can be <u>found</u> in the <u>forests</u> of <u>Papua</u> New Guinea and <u>Indonesia</u>.

Fun Fact: Before a male <u>performs</u> his courtship <u>dance</u>, displaying his <u>cape</u> in a halo-like <u>fashion</u> while hanging from a <u>sapling</u>, he makes sure everything is <u>ready</u>, clearing and <u>cleaning</u> both himself and the <u>area</u> to set the "<u>stage</u>".

```
E F G I B L A C K R A D G S N
B S N D R E N I A L P A N M E
T A I O P I N N T P R Z I R D
G L N O I A D A N T E O N O L
C N N D U H P E M N A I N F O
U S I C S Q S U S E D N U R G
R E W L F T R A A C Y D T E E
V I R V P O A U F I E O S P T
E C A R E A U G T F X N P S A
D E T E Y N S N E I G E T E R
A P S E L A M X D N B S K M O
N S C O U R T I N G R I N U B
C A F O R E S T S A O A O L A
E L I A T R E V O M W C W P L
Y E L L O W C L E A N I N G E
```

Blue...

BUNTING	GROUSE
BUSTARD	JAY
CHAFFINCH	LORIKEET
COTINGA	MAGPIE
COUA	NUTHATCH
CRANE	PETREL
CUCKOOSHRIKE	PITTA
DACNIS	QUAIL
DUCK	ROCK-THRUSH
EARED-PHEASANT	SEEDEATER
FANTAIL	SWALLOW
GROSBEAK	VANGA

```
A A W Z L D E C K K A D H L B
G G U O A I P P E A G J O E U
N N X U L E A S Z E N J O K S
A R H M T L U U S B I D M I T
V I O R J O A E Q S T A Z R A
U C E C R A E W I O O C T H R
L L N G K D Y L S R C N E S D
Q I N U E T N M A G P I E O B
D E A A T W H E O C Z S K O U
R X T T B H K R O A S K I K N
C E C R N C A U U P U Y R C T
R C I R U A A T J S I X O U I
A E U D I A F V C R H T L C N
N U H C N I F F A H C B T U G
E A R E D P H E A S A N T A Z
```

33 *My Doves* by Elizabeth Barrett Browning

My little <u>doves</u> have left a
   nest
Upon an <u>Indian</u> tree,
Whose leaves <u>fantastic</u> take
   their rest
Or <u>motion</u> from the sea;
For, ever there the sea-
   winds go
With <u>sunlit</u> <u>paces</u> to and fro.

The tropic <u>flowers</u> looked up
   to it,
The tropic <u>stars</u> looked
   <u>down</u>,
And there my <u>little</u> doves did
   sit
With <u>feathers</u> softly <u>brown</u>,
And <u>glittering</u> eyes that
   showed their <u>right</u>
To general <u>Nature's</u> deep
   <u>delight</u>.

My little doves were <u>ta'en</u>
   away
From that <u>glad</u> nest of
   theirs,
Across an <u>ocean</u> rolling
   <u>grey</u>,
And tempest-clouded <u>airs</u>.
My little doves who <u>lately</u>
   <u>knew</u>
The sky and <u>wave</u> by
   <u>warmth</u> and <u>blue</u>.

And now, <u>within</u> the city
   <u>prison</u>
In <u>mist</u> and chillness <u>pent</u>,
With <u>sudden</u> <u>upward</u> <u>look</u>
   they <u>listen</u>
For <u>sounds</u> of past <u>content</u>,
For <u>lapse</u> of <u>water</u>, smell of
   <u>breeze</u>,
Or <u>nut-fruit</u> <u>falling</u> from the
   <u>trees</u>.

```
S R E H T A E F T N E T N O C
D H Y M O T I O N Y E R G L G
N G L T I U R F T U N E N A N
U A E O P W A R M T H Z I P I
O N T W O L D F L O W E R S H
S N A U L K O Q N D A E E E T
B R L I R W V F A O V R T Z I
D I N D D E A E W E B T H W
T G S M W N S N C N O S I R P
R N E R L K I T O S U N L I T
P B E S A I C A D E L I G H T
A G R P R T T S R A R N E A T
C I T O L I S T E N L T S I M
E U L B W O A I L T H G I R Z
S U D D E N J C F E R E T A W
```

69

People with Birds Named for Them

BARROW	HUTTON
BEWICK	LEACH
BONAPARTE	LEWIS
BOTTERI	MONTAGU
BREWER	NELSON
BULLER	ROSS
CASSIN	SABINE
CLARK	STELLER
COUCH	SWAINSON
DUPONT	VAUX
GAMBEL	WILSON
GOULD	ZINO

```
N I S S A C E I S V F X V G S
E B X D E R T N O P U D A S A
S O X L S K G E I A E G O P R
W N N U O P R Q V B P R W R E
W A Y O T B S P O H A B F L K
I P F G S I U I T R O S E U Q
L A P V W G I E Q T T W N Z L
S R W E A B Q S T E O E O I E
O T L M I J U E L R Z P T N A
N E B B N N R L R K Y S T O C
B E C C S I E A L E C O U C H
L G L F O R B L Q E W I H V J
P G A M N D T Y S D R E W T R
C E R D F R N S P O K H R E B
M D K P L E U G A T N O M B B
```

35

National Birds

BALD EAGLE

BARN SWALLOW

BLUE CRANE

COCRICO

CUBAN TROGON

DOCTOR BIRD

EMU

GIANT IBIS

GOLDCREST

GYRFALCON

HARPY EAGLE

HOATZIN

HOOPOE

KIWI

KORI BUSTARD

LITTLE OWL

MUTE SWAN

PALMCHAT

RED KITE

SAKER FALCON

WHITE STORK

```
E  N  A  R  C  E  U  L  B  L  K  D  V  T  K
Z  D  R  I  B  R  O  T  C  O  D  E  N  A  R
E  T  I  K  D  E  R  K  R  K  M  S  O  H  O
L  W  O  E  L  T  T  I  L  U  B  I  G  C  T
E  O  P  O  O  H  B  W  P  A  B  B  O  M  S
Q  V  U  E  N  U  F  I  R  A  T  I  R  L  E
M  U  T  E  S  W  A  N  L  C  G  T  T  A  T
K  S  R  T  G  O  S  D  N  O  X  N  N  P  I
R  Y  A  D  N  W  E  I  L  Y  C  A  A  F  H
A  R  G  Q  A  A  Z  D  W  H  N  I  B  B  W
D  W  S  L  G  T  C  N  M  X  N  G  U  A  P
S  Y  L  L  A  R  M  C  O  C  R  I  C  O  B
A  O  E  O  E  H  A  R  P  Y  E  A  G  L  E
W  S  H  S  A  N  O  C  L  A  F  R  Y  G  U
A  U  T  S  A  K  E  R  F  A  L  C  O  N  T
```

36

Bird Profile:
Northern Cardinal

Latin Name: *Cardinalis cardinalis*

Family: *Cardinalis*

Description: The northern cardinal is a reasonably large songbird with a long tail and a distinctive crest. The male is a vibrant red all over while the female is pale brown with reddish tints to the wings, tail, and crest. Both have black faces with thick red-orange beaks.

An unassuming bird, the northern cardinal sits in a hunched-over position with its tail straight down. When not at bird feeders they may be difficult to spot but they are certainly easy to hear.

Sounds: Whistled *cheer-cheer-cheer* song and metallic chirps.

Distribution and habitat: The northern cardinal is found across the eastern United States as well as southern Canada. They are usually found in gardens, parks, and shrubby woodland, nesting in dense shrubs and vines.

Fun Fact: Cardinals get their name from their resemblance to the distinctive red robes worn by Roman Catholic Cardinals.

```
D E L T S I H W A E F O U N D
T H G I A R T S F E M A L E I
N K N L S R S N E D R A G E S
O A I A P M A N W O R B N V T
I N M N R S R E D E E F I Y I
T R U I I X S I H V S N D L N
I E S D H M F N I C E E R N C
S T S R C F R B A S M S I I T
O S A A I E R D H E B T B A I
P A N C H A A R T S L I G T V
H E U T N N U A E C A N N R E
S L R T A B L B I R N G O E G
T O A C B L O E G E C J S C R
N I C Y I R D E N S E C A F A
L R N C C I L O H T A C Y M L
```

37

Collared...

ANTSHRIKE	LORY
ARACARI	OWLET
BUSH-ROBIN	PETREL
CROW	PLOVER
FALCONET	PUFFBIRD
FLYCATCHER	REDSTART
FOREST-FALCON	SCOPS-OWL
GNATWREN	SPARROWHAWK
GROSBEAK	SUNBIRD
IMPERIAL-PIGEON	TOWHEE
INCA	TREEPIE
LARK	TROGON

```
P N E R W T A N G W F N S T I
U B U S H R O B I N U C E M P
F O R E S T F A L C O N P B X
F R T R E E P I E P O E A T J
B X E L P J L E S C R N T Q K
I T W V H B X O L I T D R R A
R O W G O L W A A S F E A E E
D W C O N L F L H U I G T H B
N H L A R K P R F N R I S C S
O E K I I I I G Y B A N D T O
G E A M G K Y R G I C C E A R
O Q G E E I O W R R A A R C G
R J O W K L J L O D R W L Y V
T N K W A H W O R R A P S L C
W L L E R T E P N F C P I F C
```

38

Birds of North America

ANHINGA	GREAT AUK
BALD EAGLE	JAVA SPARROW
BARN OWL	KING EIDER
BLUE JAY	LIMPKIN
BOBOLINK	MALLARD
BRAMBLING	MURRE
BROWN NODDY	PALMCHAT
CANADA GOOSE	REDWING
CHUKAR	RIDGWAY'S RAIL
DOVEKIE	SORA
EARED GREBE	VAUX'S SWIFT
FIELDFARE	YELLOW WARBLER

```
A B R O W N N O D D Y D T E N
G G P B O B O L I N K F F R K
N N V R E R R U M R G K I E L
I I J A V A S P A R R O W L I
H W E M L T Z K N E E D S B A
N D R B E A U B I D A O S R R
A E A L W H B A K I T V X A S
M R F I C C L L P E A E U W Y
B A D N N M U D M G U K A W A
A Z L G M L E E I N K I V O W
R I E L Q A J A L I C E H L G
N G I L A P A G E K S H Q L D
O K F A Y R Y L N J R O M E I
W E B E R G D E R A E I R Y R
L D B Z E S O O G A D A N A C
```

79

39

Birds of South America

AGAMI HERON

BANANAQUIT

BLACK INCA

CAUCA GUAN

COCOI HERON

EARED DOVE

GREAT POTOO

HARPY EAGLE

HOATZIN

JABIRU

KELP GOOSE

LAKE DUCK

LIMPKIN

OILBIRD

RHEA

SILVER TEAL

SLATY BECARD

SOOTY SWIFT

SUNBITTERN

TOCO TOUCAN

WHITE MONJITA

```
D R A C E B Y T A L S W D T Q
N C E B L A C K I N C A R S I
R S C S B A N A N A Q U I T Q
E O O T O P T A E R G L B E N
T O C O T O U C A N V H L L O
T T O N T T G G O E K G I A R
I E I J G Y Q P R U A U O K E
B V H N N J S T L E Q G V E H
N O E T P I E W Y E X K T D I
U D R G X A Z P I Z K Q J U M
S D O T L F R T N F Z C A C A
M E N G F A A N A R T E B K G
M R H W H I T E M O N J I T A
N A U G A C U A C G H D R C Y
A E H R N I K P M I L M U Z A
```

81

40

Bird Profile: Common Swift

Latin Name: *Apus apus*

Family: *Apodidae*

Description: The common swift, like other swifts, is most often seen in motion. They have forked tails and pulled-back wings which create a crescent-shape when in flight. They are blackish-brown with lighter feathers below the chin. They nest up high, in eaves and other similar locations, in large colonies and are highly social birds.

Sounds: The sounds of the swift are usually described as shrill and are certainly not the most pleasant birdsong!

Distribution and Habitat: Widely distributed across Eurasia and Africa, they are often seen in pursuit of insects above bodies of water.

Fun Facts: As their name suggests, these birds are very fast, in fact they are the fastest of all birds in level flight. So much of their time is spent in flight that they even sleep while airborne, and one long-lived individual was believed to have flown more than four million miles in its lifetime!

```
T  I  C  L  L  I  R  H  S  D  N  U  O  S  S
S  R  D  G  I  N  T  N  A  S  A  E  L  P  G
E  E  E  E  F  S  N  O  I  T  A  C  O  L  N
T  T  V  C  E  E  T  S  E  V  A  E  H  E  I
S  H  E  O  T  I  A  F  R  I  C  A  G  Y  W
A  G  I  L  I  D  O  H  I  T  H  G  I  L  F
F  I  L  O  M  O  E  E  I  W  U  I  H  E  Y
Y  L  E  N  E  B  E  U  P  O  S  C  N  D  R
D  E  B  I  R  C  S  E  D  E  O  R  Y  I  E
E  V  F  E  S  R  E  V  U  M  O  H  H  W  V
K  E  A  S  U  L  S  R  M  B  N  W  O  L  F
R  L  C  P  S  P  A  O  R  R  E  T  A  W  E
O  S  T  C  E  S  N  I  N  O  I  T  O  M  M
F  G  O  N  I  B  A  S  O  C  I  A  L  N  A
N  P  T  A  L  A  U  D  I  V  I  D  N  I  N
```

83

41

Black…

ANTBIRD	HERON
BAZA	HONEY-BUZZARD
BEE-EATER	INCA
BERRYPECKER	JACOBIN
BISHOP	LORY
BITTERN	MUNIA
CRAKE	PHOEBE
FALCON	PITOHUI
FANTAIL	SAW-WING
GOSHAWK	SCOTER
GRASSWREN	STILT
GUAN	WHEATEAR

U B R E T O C S G A N M G S E
C S L S O X H C R A K E N N T
G J C I P X O A J R Z X I E L
O R E T A E E E B E E B W T I
S I U H O T I P T K O D W E T
H A P A A M N N S C Z D A B S
A H I E G N O A A E C L S H B
W B H B G R T J F P M F B U A
K W B H E U J B X Y Z U P C C
N Y A H M T A L I R Q W N W X
O E Z J R X L N G R N I W I H
C H A A P H O E B E D J B Q A
L B I T T E R N T B I S H O P
A B H O N E Y B U Z Z A R D H
F D U C N E R W S S A R G W G

85

42

Birds of Oceania

BLACK SWAN	KILLDEER
CAPE GANNET	KINGFISHER
CASSOWARY	KIWI
DUNLIN	KOOKABURRA
EMU	MOREPORK
GALAH	OSPREY
GLOSSY IBIS	ROYAL SPOONBILL
GREAT EGRET	SILVEREYE
GREY TEAL	SOOTY TERN
KAKAPO	ZEBRA FINCH
KEA	

```
L L I B N O O P S L A Y O R S
B L A C K S W A N P Y Z U B O
K A H A R C R V K X T M Y I O
G R J S K K T E K G E R E T T
L R M S Y A I M E I H T R C Y
O U H O M Q K N L D W R P Z T
S B C W R N N A G W L I S J E
S A N A B E E I P F G L O L R
Y K I R O T P B L O I A I P N
I O F Y Y G U O P N Y S L K H
B O A E Z P V X R I U E H A V
I K R H A S I Q J K B D M E H
S G B Q K S I L V E R E Y E R
U R E J E G R E A T E G R E T
O S Z C A P E G A N N E T V Z
```

43

Words That Rhyme With CRANE

BRAIN	PERTAIN
CAMPAIGN	PLANE
CHAIN	PROFANE
CHAMPAGNE	QUATRAIN
COCAINE	REFRAIN
COMPLAIN	REGAIN
DRAIN	REMAIN
EXPLAIN	SPAIN
EYESTRAIN	SUZERAIN
INGRAIN	TWAIN
MAINTAIN	URBANE
MEMBRANE	VANE

```
D P E R T A I N E M E E U B G
D S Q N F Q I Y E N E Y N X Y
N P L B G A O M A Y A I C D H
F I P L L A B L E S A V O B N
T L A P E R P S Y H P C C I C
K Z M R A X T M C W A A A O C
N O N N B R P F A M S M I W U
C I E I A X W L P H E N N N E
C T A I A F T A A R C I E E N
R O N T A R I X K I Y A X N A
W E G U N G F H C H N R L A F
W J G I N I J E B K F G S B O
X O A A Q U A T R A I N J R R
L R E L I O L M T W A I N U P
D Z O C F N I A R E Z U S N O
```

89

Birds with Six-letter names

AUKLET	LANNER
AVOCET	LINNET
BROLGA	LOERIE
CANARY	MAGPIE
CONDOR	ORIGMA
COUCAL	ORIOLE
CURLEW	PEEWIT
DARTER	PIGEON
DRONGO	QUELEA
DUNLIN	THRUSH
EAGLET	TOUCAN
ELF OWL	TURACO

```
M U D Q Y K N I L N U D L O T
F P M T O C K T I W E E P W D
A U K L E T D T R E O G P T M
T D R A V O C E T T Q F H L H
T E L T M N O E G I P T L L Q
O X L T D B N J W C C D I E U
U Z F G M R D M Y O G N U O E
C T U R A C O B U D N S G P L
A D A R T E R C R E N N A L E
N O R I G M A Z T O O E O Z A
A V A W E L R U C R L E Q K B
S N W Q E L C X D O R G F C L
Y E M A G P I E I I R Z A C S
T H R U S H Y R E Y H B J H J
B W F A X N O W A Y R A N A C
```

91

45

Bird Profile:
Wandering Albatross

Latin Name: *Diomedea exulans*

Family: *Diomedeidae*

Description: The plumage varies greatly, with juveniles starting brown and becoming whiter as they age, retaining some dark patches or "dirty" markings. The underside of the wing is white with black tips, and tails are often black. They have large, pink bills and feet and the largest wingspan of any living bird, up to 3.5m across. They circle the entire globe on their travels, their massive wings allowing them to stay airborne for hours at a time without even flapping.

Sounds: The wandering albatross has a variety of vocalizations including grunts and screams.

Distribution and Habitat: Ranging the southern oceans between sub-tropical and sub-Antarctic waters. They breed on South Georgia.

Fun Fact: Though they normally fish for food, they are not fussy eaters—they've been known to follow ships looking for waste, gorging themselves to the point that they cannot fly and instead just bob along on the water.

```
W I N G S P A N B E T W E E N
Y G R S S O R T A B L A F T W
T R J U V E N I L E S I M O O
E U B S H I P S L C S A R N R
I N A L O N G K I H S S E N B
R T K E A F S R V S R E T A W
A S D N D C C E I D N H A C S
V Y A S O L K V N O P C I R M
E S E L E W E E G O I T N E A
G S T E M I N N I F N A I T E
A U S V I A W N E E K P N I R
M F N A T A T D E E R B G H C
U I I R S N R E H T U O S W S
L N T T E D I S R E D N U A Q
P G E O R G I A I R B O R N E
```

African…

BARRED OWLET	JACANA
BAZA	MARSH-HARRIER
BLACK DUCK	OYSTERCATCHER
BROADBILL	PIPIT
CITRIL	PITTA
CRAKE	SKIMMER
CUCKOO	SNIPE
DARTER	SPOONBILL
FINFOOT	STONECHAT
GOSHAWK	SWIFT
HOBBY	TAILORBIRD
HOOPOE	THRUSH

```
K J T A H C E N O T S D N E K
I R O Z A Y K T S K I M M E R
B Y E Y K T C R E T R A D Y C
L S W I S S T R O Q S S R X K
A S W O R T A I L O R B I R D
C I T I O R E H P D H O B B Y
K R L I F K A R S W N A U E L
D F A I P T C H C U N A C O L
U I P K Q I S U H A R I C P I
C N N M E U P N C S T H D O B
K F Q U E M W A I R R C T O D
F O A Z A B J I I P K A H H A
G O S H A W K L S M E C M E O
V T E L W O D E R R A B U W R
B A Y I L L I B N O O P S B B
```

95

47

Pet Birds

BUDGERIGAR	PARAKEET
CAIQUE	PARROTLET
CHICKEN	PIGEON
COCKATIEL	PIONUS
COCKATOO	POICEPHALUS
CONURE	PSITTACULA
DUCK	RAINBOW LORY
GALAH	ROSELLA
GOOSE	SENEGAL PARROT
LORIINI	SONG CANARY
LOVEBIRD	VASA PARROT
OWL FINCH	ZEBRA FINCH

```
V R I O L I F T E E K A R A P
R A I N B O W L O R Y D U C K
U G Z E B R A F I N C H T O N
S I N O E G I P E V E O Z C W
U R C V Z C O K L J R S X K H
L E I T A K C O C R U C E A A
A G W I P I R C A N N M X T L
H D Q J H I T P O Q O M H O A
P U J C I G L I T H C K Q O G
E B K N O A P H C N I F L W O
C V I O G S O N G C A N A R Y
I V S E P S I T T A C U L A P
O E N J E F L O V E B I R D Z
P E V A S A P A R R O T L E T
S R G A W R J A L L E S O R S
```

48

Birds Beginning with... S

SANDERLING

SERIN

SHAG

SHEARWATER

SHELDUCK

SHIKRA

SHOEBILL

SHORELARK

SHRIKE

SISKIN

SKYLARK

SMEW

SNIPE

SNOWCAP

SORA

SPARROW

STAR FINCH

STARLING

STORK

SUN LARK

SUNBIRD

SUNGREBE

SWALLOW

SWIFT

```
S U S Y S G G S A R C M A E S
S S H T S U A S H E L D U C K
Z A O X N S H E K I R H S S N
S R E U I A S S O R S U H I D
K H B S P T M D B N N O R S X
R H I H E E O S O B R E T T S
E B L K W O S W I E S A K A A
T B L B R E C R L S R S R R N
A S E N G A D A T L K I A F D
W W P R P S R H I V R I L I E
R S B A G K W N A S A S N N R
A O M R R N G I A T L O U C L
E N D N E R U Z F R Y R S H I
H A E T P S O S C T K A E W N
S S W O L L A W S L S A S V G
```

49

The Birds by William Blake

He. Where thou dwellest, in
what grove,
Tell me Fair One, tell me
Love;
Where thou thy charming
nest dost build,
O thou pride of every field!

She. Yonder stands a lonely
tree,
There I live and mourn for
thee;
Morning drinks my silent
tear,
And evening winds my
sorrow bear.

He. O thou summer's
harmony,
I have liv'd and mourn'd for
thee;
Each day I mourn along the
wood,
And night hath heard my
sorrows loud.

She. Dost thou truly long for
me?
And am I thus sweet to thee?
Sorrow now is at an end,
O my Lover and my Friend!

He. Come, on wings of joy
we'll fly
To where my bower hangs
on high;
Come, and make thy calm
retreat
Among green leaves and
blossoms sweet.

```
S J Y F Q I C A L M B Y O J S
D O O W F L Y E C L D L L Y U
S G N I W T A H O O I O O D M
Q H D T D V A S S V U U N V M
X E E M E R S T E O G D E I E
Y A R S M O I E D I R P L L R
L R D I M O Q N D L O R Y M S
U D N S T Y R D K L V B O V T
R G A L S N E N B S E U E W A
T N N Y E O W E I U R I K A E
B I E O L M O I S N I Q F T R
H N E F L R B R Z W G L O H T
G E R A E A T F T S E N D G E
I V G I W H E R E L L E T I R
H E Y R D T N E L I S Y T N Z
```

50

Bird Derived Last Names

ADLER	PARTRIDGE
AMSEL	PEACOCK
BIRD	PHOENIX
CRANE	SIKORA
CULVER	SOKOL
FALCON	SWALLOW
FINCH	SWAN
FOWLER	SWIFT
HAWK	VOGEL
HERON	WEAVER
MARTIN	WOODCOCK
NIGHTINGALE	WREN

```
H I A E G L Y R U R U K R K N
D N I L W V N L E E E S X U T
R T F I W S J V I L G K W H F
I V N I T R A M V P D F L A I
B C U L V E R A H S M A O W N
U N E R W P V O G E L D K K C
K N X I Q H E R O N C I O U H
C P R L U N M A F T X R S N Z
O N F Q I T L A C A X Z A F I
C D O X Z V P Y R O L X W N A
D T W Q A M S E L O C C S F E
O K L A C G M V D F K K O J K
O A E L A G N I T H G I N N O
W E R P W W O L L A W S S B G
Q W J L G C E G D I R T R A P
```

103

51

Common Bird Adjectives

AFRICAN

ARCTIC

AUSTRALIAN

BANDED

BLACK

BLUE

BROWN

COMMON

DUSKY

EUROPEAN

GREAT

GREEN

HORNED

HOUSE

LESSER

LITTLE

NORTHERN

PINK

RUFOUS

SNOWY

SPOTTED

WESTERN

WHITE

YELLOW

```
S Y G Y G H R H N E N T A E F
N K O R R Y I R U K H O U S E
O S N R E H T R O N S L S K N
W U A L A E O W S S B H T C O
Y D L W T P N U L P E N R E M
B O L D E A R U F O U S A L M
W A E A R S D I H M K B L T O
R L N C B E T U M H B C I T C
Q W T D T Q H E C F R W A I F
W I C T E O A Q R G O E N L J
C H O F R D W U N N W Q Y F B
B P I N T G V A W G N F P W Q
S Z E T H Q J E N A C I R F A
G D N X E V L E Y T N H M I X
X I R E S S E L J K W P A N R
```

52

Bird Profile:
Common Ostrich

Latin Name: *Struthio camelus*

Family: *Struthionidae*

Description: A giant among birds, the male common ostrich can grow to anywhere from 2.1 to 2.8m tall. Males sport black and white plumage while females are a paler brown, and the head is covered in downy feathers. There are four sub-species of common ostrich which are differentiated from the remarkably similar Somali ostrich by their skin tone, common ostriches being pink, Somali ostriches blue. This flightless bird survives its harsh habitat by using its powerful legs to outrun predators. They can maintain high speeds over long distances and in shorter bursts can reach up to 43 miles per hour.

Distribution and Habitat: Found in many parts of Africa often in open habitats such as grassland and semi-desert areas.

Fun Fact: Ostriches do not have teeth and so to aid digestion they eat grit and small pebbles; an adult bird may have up to 1 kg of stones in its digestive system!

```
T D I S T A N C E S T O N E S
L D W H E D I G E S T I O N E
U A O C H V R L E M H P H B L
D E R A S C I P L U M A G E I
A H G E S O I V Y A I L R B M
S S V R A T M R R O T E I S D
R N H D U S R A T U H R T E H
E U A A O D N A L S S A R G M
H R T F B W S K P I O E E E R
T T D R R I N I K S V U T U S
A U E Y O I T Y Y O L S O G D
E O M E P P C A C B Y F R I R
F R O M T J S A T S G E L A I
S D E E P S B U R S T S T N B
S E L B B E P C O M M O N T G
```

53

Birds with Seven-letter Names – Part One

CACIQUE	OSTRICH
EMERALD	PEACOCK
FLICKER	PEAFOWL
GADWALL	PINTAIL
GREYLAG	QUETZAL
HARRIER	ROSELLA
JACAMAR	SERIEMA
LAPWING	WARBLER
MALLARD	WAXBILL
MANAKIN	WAXWING
MOORHEN	WEEBILL
NILTAVA	WRYNECK

```
H N H A D G N I W P A L P G Y
C D I L K C E N Y R W T I A L
I R E L B R A W I G U H N E A
R A M E T L L A W D A G T M Z
T M H S H A F N L P D M A O T
S A P O Y A V A E U V N I O E
O C E R S D R A L L A M L R U
E A A H R E C R M K W G P H Q
U J F R M O W D I E R R I E G
Q S O E C A C N E E I J K N N
I Q W K G E W B Y Y R R N R I
C E L C A O I L V V O T E T W
A M A I Q L A C W U V S N S X
C Y W L L G E X P S W G U H A
C J J F W L L I B X A W E W W
```

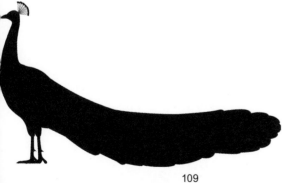

54

Ibises and Spoonbills

AFRICAN

ANDEAN

AUSTRALIAN

BALD

BUFF-NECKED

CRESTED

EURASIAN

GIANT

GLOSSY

GREEN

HADADA

MALAGASY

NORTHERN

OLIVE

PUNA

RED-NAPED

REUNION

ROYAL

SACRED

SAO TOME

SOUTHERN

STRAW-NECKED

WATTLED

WHITE

```
N O I N U E R F A O P U N A Z
Y S A G A L A M Y Y N A O B G
X D O W J L S C I A I N M B R
X E L T B A N Z I L A Q A B G
M P I I C Y V S A C F L U D I
T A V R B O A R I P D F C E A
C N E C T R T R U O F E Y K N
R D J E U S F E G N Q M S C T
E E Z E U A J Q E X H O S E D
S R R A M N I C J X R T O N E
T C J N A W K N E E Q O L W L
E H U E I E H A D A D A G A T
D Z D E D C U I I M W S Q R T
Z N H R N R E H T R O N O T A
A P X G S O U T H E R N R S W
```

55

Nocturnal Birds

BARN OWL

BARRED OWL

BOREAL OWL

CORNCRAKE

ELF OWL

FROGMOUTH

KAKAPO

KIWI

LITTLE PENGUIN

MOCKINGBIRD

NIGHT HAWK

NIGHT HERON

NIGHT PARROT

NIGHTINGALE

NIGHTJAR

PAURAQUE

POORWILL

POTOO

SCREECH-OWL

SPOTTED OWL

WOODCOCK

```
G L M E L A G N I T H G I N T
N O O S B S C R E E C H O W L
I O C E A N O R E H T H G I N
U T K E R S P O T T E D O W L
G O I B R F O X J M R K L E H
N P N A E J P K A R M W W Q T
E P G R D I A I I E V A O O U
P O B N O R K A E W X H L E O
E O I O W K A I R P I T A U M
L R R W L K K J A O N H E Q G
T W D L K B E T T S L G R A O
T I E L F O W L P H O I O R R
I L W O O D C O C K G N B U F
L L T O R R A P T H G I N A P
E K A R C N R O C T Y R N P K
```

56

Bird Profile:
California Condor

Latin Name: *Gymnogyps californianus*

Family: *Cathartidae*

Description: This largest of the raptors and vultures, the California condor is black all over with a large, white stripe on the underside of its wings. The head is mostly bald and may be pink, orange, or yellow.

Critically endangered, numbers once fell to just 22 birds, all in captivity, but they have recently begun breeding in the wild again. A carrion bird, they soar across the sky, gliding many miles in search of carcasses to feed upon.

Sounds: The California condor does not have a voice box and makes only hissing and grunting sounds.

Distribution and Habitat: Found in parts of the USA and into Mexico in rocky scrubland and forests.

Fun Facts: A lack of predators has made the California condor a bold and inquisitive bird. Highly social and monogamous, they are often seen in pairs, as well as eating and resting near other birds on cliff edges and rocky outcrops.

```
G N I T N U R G P F A P I N K
E C I O V U D R C L I F F Y V
M I L E S R E B M U N U Z L U
E D R L I D O E P I R T S L L
V L E B A R E C X L O R P A T
I I V T S I O E K F F A C C U
T W O S E P C D F Y I P A I R
I R Z T B G O O N R L T P T E
S H O S E R G R S O A O T I S
I W C E G G E N C J C R I R T
U O I R R N R E I T U S V C I
Q L X O A A I A D D U S I B N
N L E F S E O W L I I O T A G
I E M G N I S S I H N L Y L G
B Y D N A L B U R C S G G D C
```

57

Words That Rhyme With CROW

◊ ADAGIO

◊ AGLOW

◊ ALTHOUGH

◊ ARROW

◊ AUDIO

◊ BELLOW

◊ BLOW

◊ CALICO

◊ CAMEO

◊ DOMINO

◊ DYNAMO

◊ ESCROW

◊ FALLOW

◊ HELLO

◊ IMPRESARIO

◊ MINNOW

◊ MISTLETOE

◊ PATIO

◊ POLIO

◊ POLITICO

◊ PORTICO

◊ ROMEO

◊ TAROT

◊ VERTIGO

```
W O L B M L O W W O Z D G E O
S A W O T P M O G I T R E V E
B K R C T F A L K G A J O Y M
E S C R O W N L Y W W O F K O
O N I M O D Y A O C I L A C R
H T R B C W D F T R F A W X N
G F W W I Q A D A G I O I P E
U W O O T U S S G C A W O O S
O J X N R M E Z L P S L T I W
H G O N O R V S O U I E O T O
T H W I P C W L W T L O R A L
L E N M A A I H I T L I A P L
A L I M X O T C S U Z G T L E
I L E J W H O I O I D U A O B
J O W S F E M E W O B B H L W
```

58

Great…

- ◊ ANTPITTA
- ◊ AUK
- ◊ BARBET
- ◊ BLACK-HAWK
- ◊ BLUE TURACO
- ◊ BUSTARD
- ◊ CORMORANT
- ◊ DUSKY SWIFT
- ◊ EGRET
- ◊ ELAENIA
- ◊ GREBE
- ◊ GREEN MACAW

- ◊ HORNBILL
- ◊ IORA
- ◊ JACAMAR
- ◊ KISKADEE
- ◊ KNOT
- ◊ LIZARD-CUCKOO
- ◊ POTOO
- ◊ SAPPHIREWING
- ◊ SNIPE
- ◊ THICK-KNEE
- ◊ WHITE PELICAN
- ◊ XENOPS

```
D R A T S U B E B E R G D N Z
O M O A U K P I V K L P A G T
O N C O R M O R A N T C E S F
K O S L R R B A F E I S E W I
C C P L A A T N C L E U N A W
U A O I R T Y T E E V E K C S
C R N B O S O P K F G C K A Y
D U E N K R E I O R S T C M K
R T X R U T S T E T E P I N S
A E O O I K T T K S O Y H E U
Z U R H A L V A F M J O T E D
I L W D A X R A M A C A J R P
L B E I A I N E A L E C Q G L
Q E F G N I W E R I H P P A S
T A H B B L A C K H A W K T I
```

119

59

Birds of Asia

◊ ARCTIC LOON

◊ BLACK SKIMMER

◊ BRANT

◊ BUFFLEHEAD

◊ CAPE PETREL

◊ CASSOWARY

◊ CHUKAR

◊ GARGANEY

◊ HAMERKOP

◊ HORNBILL

◊ INDIAN ROLLER

◊ LITTLE GREBE

◊ MALEO

◊ MALLARD

◊ MILKY STORK

◊ OSPREY

◊ PUNA IBIS

◊ RAIN QUAIL

◊ SIAU PITTA

◊ SNOW DUCK

◊ SURF SCOTER

```
R E M M I K S K C A L B O E D
W U L I T T L E G R E B E S A
S I A U P I T T A E Z A G P E
R A I N Q U A I L L C U J B H
Y E R P S O M C C L H S N T E
G P O K R E M A H O U U N M L
A M I L K Y S T O R K R K P F
R A W T M S P S X N A F H U F
G L S U O H N S F A R S O N U
A E G W N O O L C I T C R A B
N O A J W K A I N D Q O N I B
E R I D P Q F B Z N R T B B R
Y P U H K G L A P I X E I I A
B C W K M A L L A R D R L S N
K L E R T E P E P A C J L E T
```

121

60

Famous Birdwatchers

◊ BAILEY

◊ BEAN

◊ BEIRS

◊ BUCK

◊ CARTER

◊ CEDERLUND

◊ CLARK

◊ CLIFFORD

◊ CRAVEN

◊ EDWARDS

◊ FRANZEN

◊ GULLICK

◊ KAESTNER

◊ KOEPPEL

◊ LEHNERT

◊ LEWIS

◊ MASTER

◊ NEWMAN

◊ ODDIE

◊ PITMAN

◊ PRINCE PHILLIP

◊ ROSSOUW

◊ ROSTRON

◊ WINTER

```
O D J K L E H N E R T M V B P
F H R E K A E S T N E R D N R
U K W O I E O R N A D N K O I
B I P V F W U O S S O R F R N
S D W U H F Q C A R T E R T C
O D D I E P I T M A N N A S E
Y M J N N S Q L E Z E E N O P
R B W V U T D E C V J W Z R H
O E A K T L E S A L F M E N I
C E T I O K R R D X N A N U L
K Q S S L E C E L R B N U E L
H R Z C A E P W D E A B W B I
E F A V G M Y P I E U W E K P
G U L L I C K R E C C A D L Z
T D S F C P S Y K L N Q A E S
```

61

Passerines – Part Two

◊ ANTWREN

◊ BELL MINER

◊ BOWERBIRD

◊ BRISTLEBIRD

◊ CANASTERO

◊ CATBIRD

◊ CHAT

◊ CINCLODES

◊ COMMON MINER

◊ COWBIRD

◊ FIGBIRD

◊ GRASSWREN

◊ HONEYEATER

◊ HORNERO

◊ LYREBIRD

◊ RAYADITO

◊ ROBIN

◊ SCRUBBIRD

◊ SCYTHEBILL

◊ SPINEBILL

◊ SPINETAIL

◊ TREECREEPER

◊ TUI

◊ XENOPS

```
D D T R E N I M N O M M O C D
R R R R S C Y T H E B I L L R
I I E C E I M N A R A O I X I
B B E H S T G S E H N H A E B
W B C A E A A N R G T O T N T
O U R T D O I E A L W R E O A
C R E M O M H G Y V R N N P C
A C E Q L D K R A E E E I S I
N S P L C C E A D I N R P F S
A T E I N B G S I R U O S T S
S B R A I T O S T P I T H R S
T S R R C Q X W O E A B V O N
E H D B O W E R B I R D G B L
R B R I S T L E B I R D M I S
O C L V S P I N E B I L L N F
```

125

62

Bird Profile: Common Starling

Latin Name: *Sturnus vulgaris*

Family: *Sturnidae*

Description: A small, stocky bird with a yellow bill, the common starling can, on first sight, appear to be a plain and dark bird. However, closer inspection reveals a beautiful plumage shimmering with iridescent blues and greens.

The common starling eats a largely insectivorous diet for which it forages on the ground. They are also sometimes seen perched on top of animals, such as cattle, feeding on the parasites to be found there.

Sounds: Large flocks mean they can be rather noisy and they have a skill for mimicry that has impressed many, including Shakespeare.

Distribution and Habitat: The common starling is native to Eurasia, but has been introduced across the globe, and is found in abundance.

Fun Fact: On winter evenings starlings perform impressive aerial displays called murmurations. These huge, swarm-like flocks move in sync, swooping, contracting, and expanding as they go. It is believed that this mass movement offers protection from predators.

```
R P L U M A G E U R A S I A V
E R A E P S E K A H S T E B S
S I R I D E S C E N T S X U L
O S L A S R O T A D E R P N A
L M R F N V Y M A S S I A D E
C Y A E R I A L E R D F N A V
E C S N F A M T E E L U D N E
S B S I Y F I A H G O I I C R
K I O E O S O C L R R H N E N
C L R L A N R Y G S S A G G E
O L C R G E A K R X G K L V E
L J A A P G E C E V O M I A B
F P T E I D P O E C A T T L E
M R O F R E P T N I A L P V L
R E T N I W A S S N O M M O C
```

127

63

Words Which Come Before/After Bird

◊ BATH

◊ BLACK

◊ BLUE

◊ BRAINED

◊ CAGE

◊ FEED

◊ FRIAR

◊ HOUSE

◊ HUMMING

◊ MOCKING

◊ REED

◊ RIFLE

◊ SEED

◊ SHORE

◊ SNAKE

◊ SNOW

◊ SURF

◊ TAILOR

◊ THUNDER

◊ WATCHING

◊ WATER

◊ WATTLE

◊ WHIRLY

◊ YARD

```
E T O J I R E K G M Z I K B F
L O X Y R Y O N Z W W U C R J
T T B T H Q I E Y H J E A A P
T B H G X M A S E I T L L I D
A U G U M P U N S R B F B N C
W O E U N L V A Y L A I C E Q
P H H M M D N K E Y T R N D D
C R O M S Y E E G H H T N R W
I O O U O N R R S A S E A K A
F F B L S C O K E I S Y W C T
W C R H I E K W F E G U A H C
A J O I B A A I E Y R G R D H
T R P L A R T D N T E A E F I
E H U O Q R I W J G D E E R N
R E Q J G E R T O C F Z F G G
```

64

Gruiformes

- ◊ BENGAL FLORICAN
- ◊ BROLGA
- ◊ COOT
- ◊ CORN CRAKE
- ◊ FINFOOT
- ◊ FLUFFTAIL
- ◊ GALLINULE
- ◊ GREAT BUSTARD
- ◊ GUAM RAIL
- ◊ JUNIN CRAKE
- ◊ KAGU
- ◊ KING RAIL
- ◊ LIMPKIN
- ◊ MOORHEN
- ◊ NATIVEHEN
- ◊ RUDDY CRAKE
- ◊ SORA
- ◊ SUNBITTERN
- ◊ SUNGREBE
- ◊ SWAMPHEN
- ◊ WATERCOCK
- ◊ WATERHEN
- ◊ WEKA
- ◊ WOODHEN

```
H E L U N I L L A G V A R O S
L N I D J W N A T I V E H E N
I A A R G U A M R A I L B B E
M C R A N E N T V N W G R E K
P I G T L E E I E J O K H R A
K R N S U T H H N R M E U G R
I O I U R C R D I C C R L N C
N L K B O E O G O C R O Y U N
F F D T T Y O J J O R A C S R
I L Z A B X M R O B W J K K O
N A W E R U D D Y C R A K E C
F G Y R L I A T F F U L F O W
O N B G C X K P Z W B G O U O
O E S W A M P H E N N T A P O
T B J N R E T T I B N U S K O
```

131

Pigeons and Doves

◊ ANDAMAN

◊ AZUERO

◊ BAR-TAILED

◊ BLEEDING-HEART

◊ COMOROS OLIVE

◊ DIAMOND

◊ DUSKY

◊ GRENADA

◊ HILL

◊ INCA

◊ LEMON

◊ MINDORO

◊ MOURNING

◊ PALLID

◊ ROCK

◊ RODRIGUES

◊ RYUKYU

◊ SNOW

◊ SOMALI

◊ TROCAZ

◊ TURTLE

◊ WONGA

◊ YUNGAS

◊ ZEBRA

```
F B K N E S A A C N I T W H K
R A Y M O B D I O B I L B F R
N R D K P A L L I D S W L W H
A T A G S W D V C A E O E S S
I A S R O U N A O Z U N E A J
E I R N B O D S N U G G D G M
L L S E M E D Y D E I A I N O
T E A E R I Z T B R R A N U U
R D L H A F U T X O D G G Y R
U P I M Y Y P D A R O J H R N
T W O L K M I N D O R O E R I
R N R U A N D A M A N Z A O N
D W Y E M M Q B O T Q W R C G
T R O C A Z O S H I L L T K O
X X E V I L O S O R O M O C R
```

66 *The Dalliance of Eagles*
by Walt Whitman

SKIRTING the river road, (my forenoon walk, my rest,)

Skyward in air a sudden muffled sound, the dalliance of the
eagles,

The rushing amorous contact high in space together,

The clinching interlocking claws, a living, fierce, gyrating
wheel,

Four beating wings, two beaks, a swirling mass tight
grappling,

In tumbling turning clustering loops, straight downward
falling,

Till o'er the river pois'd, the twain yet one, a moment's lull,

A motionless still balance in the air, then parting, talons
loosing,

Upward again on slow-firm pinions slanting, their separate
diverse flight,

She hers, he his, pursuing.

```
S P O O L V E D I V E R S E S
H I G N I L P P A R G E G T G
G N I U S R U P P E L R N N K
I I D G N I V I L G E E I S S
H O S A O M X U A V M T T K W
C N O A L K L E I O A S A I A
L S G W A L L R M E K E R R L
I S G N T N I A B Y B T Y T C
N A N N I L I A W W U C G I D
C M I R I T D A N P P A A N E
H W H E E L R S W C J T T G L
I E S S C D L A I T E N H Y F
N I U T Z A R A P O R O G O F
G J R E O D P M F I P C I Y U
L O O S I N G S A L L I T S M
```

135

Coots, Rails, and Crakes

- ◊ ANDAMAN
- ◊ AUSTRAL
- ◊ AZTEC
- ◊ BOGOTA
- ◊ CALAYAN
- ◊ GALLINULE
- ◊ LAYSAN
- ◊ LEWIN'S
- ◊ LITTLE CRAKE
- ◊ LORD HOWE
- ◊ MAKIRA
- ◊ MASCARENE
- ◊ NKULENGU
- ◊ OCELLATED
- ◊ OKINAWA
- ◊ REUNION
- ◊ SAKALAVA
- ◊ SNORING
- ◊ SORA
- ◊ SWAMPHEN
- ◊ TALAUD
- ◊ WATERCOCK
- ◊ WEKA
- ◊ WOODHEN

```
S I D N D E T A L L E C O A M
W W X N Z B R N J L Q H U O T
A W F A D I P N A T O G O B X
M O A M K L O R D H O W E N J
P O R A A V T G L A Y S A N O
H D M D K S N O I N U E R K K
E H A N U I Z E Z U P I K C I
N E K A R C E L T T I L F O N
E N G O X Q S U C E T Z A C A
R U N J N N T N A B V W D R W
A S L Y I V P I L T H P W E A
C T S W A V A L A K A S K T Z
S G E O I J F L Y D U A L A T
A L M K R B G A A L J I H W T
M E F Z H A U G N E L U K N R
```

137

68

Eurasian...

◊ BLACKBIRD

◊ BULLFINCH

◊ CHIFFCHAFF

◊ CRAG MARTIN

◊ CURLEW

◊ DOTTEREL

◊ EAGLE-OWL

◊ GOLDEN ORIOLE

◊ GRIFFON

◊ HOBBY

◊ HOOPOE

◊ JACKDAW

◊ JAY

◊ LINNET

◊ NIGHTJAR

◊ OYSTERCATCHER

◊ PYGMY OWL

◊ REED WARBLER

◊ SISKIN

◊ SPARROWHAWK

◊ THICK-KNEE

◊ WIGEON

◊ WOODCOCK

◊ WRYNECK

```
D J O Z N O E G I W N W R H Y
O X G O L D E N O R I O L E S
T R E H C T A C R E T S Y O D
T E A G L E O W L L R P J F R
E E N Y A J W F F B A A R B I
R N W N I S E H L R M R A U B
E K X A I W L F I A G R J L K
L K P S D L R E G W A O T L C
U C K H G K U Y Q D R W H F A
C I P O S R C T N E C H G I L
N H E B I D I A A E H A I N B
K T Y B U U P F J R C W N C R
L W O Y M G Y P F R X K J H I
H O O P O E F W O O D C O C K
C H I F F C H A F F N J L Z B
```

139

69

Bird Profile:
Dalmatian Pelican

Latin Name: *Pelecanus crispus*

Family: *Pelecanidae*

Description: The largest <u>member</u> of the pelican <u>family</u>, the <u>Dalmatian</u> pelican is often described <u>less</u> than kindly as <u>scruffy</u> looking, with the dirty white <u>feathers</u> at its <u>crown</u> contributing to its <u>bedraggled</u> appearance. The large <u>beak</u> pouch and lower <u>mandible</u> are bright <u>orange</u> in breeding season and <u>paler</u> yellow at other <u>times</u>. It is one of the largest <u>extant</u> flying bird <u>species</u>.

Sounds: Like other <u>pelican</u> family members, the Dalmatian pelican is a <u>quiet</u> bird but may <u>bark</u> and <u>hiss</u> during <u>mating</u> season.

Distribution and Habitat: The Dalmatian pelican is <u>found</u> in <u>lakes</u>, <u>rivers</u>, and <u>wetland</u> habitats across much of <u>central</u> <u>Eurasia</u>.

Fun Fact: The beak <u>pouch</u> of the pelican, called the <u>gular</u> pouch, is not only used for <u>catching</u> food, it also <u>plays</u> an important <u>role</u> in cooling the bird. The bill is <u>opened</u> as the <u>throat</u> and pouch <u>pulsate</u> in a "gular <u>flutter</u>", encouraging cooling through <u>evaporation</u>.

```
E U R A S I A M T A O R H T N
P U L S A T E S C R U F F Y Z
E D C N L M P M A N D I B L E
V Y B T B E C E N T R A L F N
A H L E C I S W D E N E P O A
P I R I D A O S V E L O R U I
O S E S M R R G N I T A M N T
R S E R C A A S Y A L P H D A
A P X E K Q F G O U N T C N M
T A T V R U P E G R S E K A L
I L A I A I W E T L A N D C A
O E N R B E A K R Z E N T I D
N R T C A T C H I N G D G L J
P F E A T H E R S K T I M E S
P O U C H R E T T U L F D P O
```

141

70

Words That Rhyme With WREN

◊ AIRMEN

◊ AMEN

◊ BULLPEN

◊ CAYENNE

◊ CLERGYMEN

◊ FEN

◊ FROGMEN

◊ GLEN

◊ HORSEMEN

◊ KEN

◊ KINSMEN

◊ LAWMEN

◊ MADMEN

◊ MAILMEN

◊ MERMEN

◊ MILKMEN

◊ PEAHEN

◊ PIGPEN

◊ PLAYPEN

◊ SPORTSMEN

◊ SWORDSMEN

◊ THEN

◊ TRIBESMEN

◊ WHEN

```
N O M L N V E N I X E N V I A
E N E H A E P N H K E D D C N
M E S P M Y M H E M Y H K E L
S Q V M F A O S G P I V P C C
N A W H I R I O D C Y L T P E
I E M R S H R L N R L A J N W
K K M E P F E E M U O I L H P
B E M D N L M N B E B W E P M
N E R O A S M O N E N N S I Q
N V F N E M Y G R E L C T G L
J I X B E V L L R F Y N B P A
X P I R A F O E K T X A O E W
R R M W K M Y N E N H D C N M
T E M I L K M E N L K E A J E
N N N E M S T R O P S N N J N
```

143

71

Vulnerable and Endangered Birds

◊ ASH'S LARK

◊ BATELEUR

◊ BLACK SHAMA

◊ FIELDFARE

◊ FIRECROWN

◊ FLORICAN

◊ FRUIT DOVE

◊ GIANT IBIS

◊ HYACINTH MACAW

◊ KAGU

◊ KAKAPO

◊ KIWI

◊ LEAR'S MACAW

◊ LINNET

◊ MALEO

◊ MAO

◊ MILKY STORK

◊ NIGHTJAR

◊ RED SISKIN

◊ SIAU PITTA

◊ SNOWY OWL

◊ TOLIMA DOVE

```
A M A H S K C A L B E P I K C
E R T T C J P B U S M W F R W
V U Y W T G N S P T I M I A U
O E L A M I O J N K M I R L S
D L I C S A P C W O U L E S T
T E N A L N A U I A W K C H A
I T N M F T K X A O K Y R S F
U A E S L I A V R I Y S O A I
R B T R O B K M H Z S T W W E
F P U A R I P X A N I O N Q L
U E J E I S L D N O Q R C Y D
Y G O L C R E D S I S K I N F
X W A C A M H T N I C A Y H A
I W X K N I G H T J A R S Z R
T O L I M A D O V E Y W C Y E
```

72

Words That Rhyme With GOOSE

◊ ABUSE

◊ ADDUCE

◊ BRUCE

◊ CABOOSE

◊ CHARTREUSE

◊ EFFUSE

◊ EXCUSE

◊ JUICE

◊ LOOSE

◊ MISUSE

◊ MOOSE

◊ MOUSSE

◊ NOOSE

◊ OBTUSE

◊ OVERPRODUCE

◊ PROFUSE

◊ RECLUSE

◊ REDUCE

◊ REPRODUCE

◊ SEDUCE

◊ SPRUCE

◊ TRANSDUCE

◊ TRUCE

◊ ZEUS

```
E W E V P A B U S E E S E S D
C E C U R T B B C X C S N M Q
U D U E M E I U C C U P O C B
D Z D N C M D U H F R M O A A
O F E U O S S A F O P Z S B D
R T R U N E R E F K S R E O D
P B S A A T J U I C E O M O U
R S R A R S S N Y P J O K S C
E T L E I E H R R E O M Z E E
V H U I I L E O I S A U E G O
O S G Q O C D I E S H R C O Y
E K W O L U Z W E S O R U S O
W Q S U C G T E A P A O D E S
D E S E L K E S U T B O E S E
F E S O O K E S U S I M S E C
```

73

Birds Beginning with… T

◊ TAKAHE

◊ TANAGER

◊ TCHAGRA

◊ TEPUI WREN

◊ THORNBILL

◊ THRASHER

◊ THRUSH

◊ TIGER SHRIKE

◊ TINAMOU

◊ TINKERBIRD

◊ TIT HYLIA

◊ TITMOUSE

◊ TOLIMA DOVE

◊ TOMTIT

◊ TOUCAN

◊ TREE MARTIN

◊ TREECREEPER

◊ TREEPIE

◊ TRILLER

◊ TROUPIAL

◊ TUFTED JAY

◊ TURKEY

◊ TWITE

◊ TYRANT BIRD

```
T E R I A L L I B N R O H T A
T O L I M A D O V E T Y R M L
T K D R I B T N A R Y T E A A
I T E P U I W R E N A U P A I
G T I N K E R B I R D F E T L
E U P U T T T A T O T T E O Y
R R E H S A R H T R N E R M H
S K E L R K T F I A A D C T T
H E R E T A W L C O K J E I I
R Y T T N H L U T L D A E T T
I T V A S E O W T M H Y R W P
K I G U R T R E E M A R T I N
E E R T I T M O U S E F Z T G
R H T I N A M O U H A T E E A
T C H A G R A L A I P U O R T
```

149

74

**Bird Profile:
House Sparrow**

Latin Name: *Passer domesticus*

Family: *Passeridae*

Description: A <u>small</u> bird, the male has a red-brown <u>nape</u> and <u>back</u>, white <u>cheeks</u>, pale undersides, a <u>black</u> bib, and wings <u>prettily</u> patterned with a <u>variety</u> of browns. The females are <u>plainer</u> and paler. Both have <u>short</u>, squared tails and stout, <u>conical</u> beaks. They can be spotted <u>fluttering</u> in and out of the <u>eaves</u> of buildings and hopping along <u>fences</u>. A <u>social</u> bird, they are often <u>seen</u> in groups <u>singing</u> or <u>bathing</u>, in either <u>dust</u> or <u>water</u>.

Sounds: House <u>sparrows</u> can be <u>noisy</u> and may be <u>heard</u> <u>chattering</u> away in a short and <u>chirpy</u> song as they <u>flock</u> together.

Distribution and Habitat: Found <u>across</u> much of the <u>globe</u> both <u>naturally</u> and introduced.

Fun Facts: As <u>indicated</u> by the word "<u>house</u>" in their name, they are rarely found away from <u>human</u> settlements, choosing to <u>live</u> alongside <u>people</u> for the <u>wealth</u> of <u>benefits</u> that brings, such as an <u>abundance</u> of food.

```
J G N I G N I S A T R E T A W
X C N W F F I N D I C A T E D
Y H U I P L L A M S E C N E F
L A T B H U H U M A N O I S Y
L T S L E T E S K E E H C U N
A T U P A T A C S Y K Q Z O E
R E D Y A E D B N O P C H H E
U R P F L R W C A A C R O S S
T I C A A I R W O C D I I L V
A N U E N N T O S N K N A H F
N G H B N G U T W E I C U L C
G Y T E I R A V E S V C A B D
B E N E F I T S T R N A A L A
K R E N I A L P E O P L E L B
G L O B E S H O R T N E V I L
```

151

75

Spotted…

- ◊ ANTBIRD
- ◊ ANTPITTA
- ◊ BAMBOOWREN
- ◊ BUTTONQUAIL
- ◊ CRAKE
- ◊ CREEPER
- ◊ CROCIAS
- ◊ EAGLE-OWL
- ◊ EARED-NIGHTJAR
- ◊ FANTAIL
- ◊ FLYCATCHER
- ◊ GREENBUL
- ◊ HARRIER
- ◊ HONEYEATER
- ◊ KINGFISHER
- ◊ OWLET
- ◊ PICULET
- ◊ PUFFBIRD
- ◊ RAIL
- ◊ SANDPIPER
- ◊ SHAG
- ◊ TOWHEE
- ◊ WOODCREEPER
- ◊ WOOD-QUAIL

```
W R Z A E F L Y C A T C H E R
O N E K T L T E L E O U E B D
O E A P R T G U L H G H U R N
D R P P I Q I W Y Q W T I A L
C W R R E P O P Z O T B C J U
R O E O Y J D P T O T F R T B
E O T A T M I N N N A D O H N
E B A P G C M Q A N A R C G E
P M E B U L U R T S M I I I E
E A Y L G A E A A E I B A N R
R B E R I W I O M I D F S D G
W T N L M L M X W Z L F H E W
W O O D Q U A I L L S U A R O
R E H S I F G N I K X P G A C
R E I R R A H H C R E E P E R
```

153

76

Birds of Africa

◊ BLUE MALKOHA

◊ BLUE QUAIL

◊ CAPE TEAL

◊ CRAB-PLOVER

◊ DUNLIN

◊ FLAMINGO

◊ HAMERKOP

◊ HORNBILL

◊ KORI BUSTARD

◊ LEMON DOVE

◊ LOVEBIRD

◊ MARABOU STORK

◊ OSTRICH

◊ OXPECKER

◊ RUFF

◊ SCARCE SWIFT

◊ SHOEBILL

◊ SUNBIRD

◊ TAWNY EAGLE

◊ VULTURE

◊ WHIMBREL

```
F A H O K L A M E U L B A R K
T F K O R I B U S T A R D E L
A E U I W H I M B R E L T V L
E G L R D U N L I N T Y F O I
B V L G P T O T E G E L I L B
Y V O H A M E R K O P I W P N
S J V D F E W C X Z A A S B R
H Y E L N V Y P F G C U E A O
O C B R U O E N V J N Q C R H
E H I L D C M U W B O E R C B
B Q R R K L L E I A N U A H D
I T D E T T U R L I T L C Z B
L J R F U S D Q J F T B S F G
L M A R A B O U S T O R K M G
V R E O G N I M A L F E E X H
```

155

77

Birds Beginning with… G

◊ GADWALL

◊ GALAH

◊ GANNET

◊ GARGANEY

◊ GARNET PITTA

◊ GEOMALIA

◊ GIBBERBIRD

◊ GLOSSY IBIS

◊ GLOWING PUFFLEG

◊ GODWIT

◊ GOLDCREST

◊ GOLDENFACE

◊ GOLDFINCH

◊ GOOSE

◊ GOSHAWK

◊ GRANDALA

◊ GREAT SKUA

◊ GREBE

◊ GREENFINCH

◊ GROUSE

◊ GUACHARO

◊ GUAIABERO

◊ GUILLEMOT

◊ GYRFALCON

```
G R E Y N H C N I F N E E R G
G O L D E N F A C E Z U U Q H
A G E L F F U P G N I W O L G
G G E G O O S E O A N W T A G
A U K S T A E R G T O L O E M
Y K T E N N A G M T C A M E J
E G K W A H S O G I L O E T G
N L R E C Z J Q R P A R L S O
A I L A M O E G E T F E L E L
G M U A N G I B B E R B I R D
R G X U W D I G E N Y A U C F
A T R G O D A S G R G I G D I
G R O U S E A L G A L A H L N
T I W D O G Q G A G M U O O C
G G L O S S Y I B I S G U G H
```

78

Extinct Birds

◊ ADZEBILL

◊ AEPYORNIS

◊ AIOLORNIS

◊ ANTHROPORNIS

◊ ARGENTAVIS

◊ ASIAN OSTRICH

◊ AZHDARCHID

◊ BRONTORNIS

◊ BULLOCKORNIS

◊ COPEPTERYX

◊ DODO

◊ DROMORNIS

◊ GASTORNIS

◊ GIANT MOA

◊ ICADYPTES

◊ KELENKEN

◊ PHORUSRHACOS

◊ PHYSORNIS

◊ TERATORN

◊ TITANIS

◊ UPLAND MOA

```
C O P E P T E R Y X I P P L U
B A A R G E N T A V I S D S Y
S O C A H R S U R O H P I I A
X Y U V A O M T N A I G H N D
I C A D Y P T E S D B S C R Z
O Y O P H Y S O R N I S R O E
O D T A E P Y O R N I S A T B
O K W E K F M B R L W F D N I
A N T H R O P O R N I S H O L
Z N P K R A L J T N X C Z R L
K S I N R O T S A G B N A B S
L D I S I N R O K C O L L U B
A S I A N O S T R I C H K T E
B K F Q P A O M D N A L P U M
K E L E N K E N T I T A N I S
```

159

79

Green…

- ◊ ARACARI
- ◊ AVADAVAT
- ◊ BARBET
- ◊ BEE-EATER
- ◊ BROADBILL
- ◊ CATBIRD
- ◊ COCHOA
- ◊ CROMBEC
- ◊ FIGBIRD
- ◊ HERMIT
- ◊ HYLIA
- ◊ IORA
- ◊ JUNGLEFOWL
- ◊ KINGFISHER
- ◊ MANAKIN
- ◊ MANGO
- ◊ PEAFOWL
- ◊ PYGMY-GOOSE
- ◊ RACQUET-TAIL
- ◊ ROSELLA
- ◊ SANDPIPER
- ◊ THORNTAIL
- ◊ TINKERBIRD
- ◊ WOOD HOOPOE

```
E E O P O O H D O O W O L S T
W P N D G F I G B I R D L L I
K Y T N R T C O C H O A L W M
Y G A K H I E F G W K A I O R
A M V R X C B B M F L R A F E
M Y A A S A W R R L J A T E H
A G D C Y T S S E A P C N L B
N O A Q P B N S L K B A R G E
A O V U T I O Y V D N R O N E
K S A E C R O M B E C I H U E
I E H T F D S R R M F Y T J A
N I D T P E A F O W L D M C T
V O Q A K I N G F I S H E R E
K R K I E B R O A D B I L L R
L A C L R E P I P D N A S F C
```

80

Birds with Seven-letter Names – Part Two

◊ BABBLER

◊ CATBIRD

◊ CHICKEN

◊ CORELLA

◊ COURSER

◊ COWBIRD

◊ CREEPER

◊ GOSLING

◊ GRACKLE

◊ HOATZIN

◊ HORNERO

◊ JACKDAW

◊ KESTREL

◊ KINGLET

◊ MINIVET

◊ MONARCH

◊ MOURNER

◊ ORTOLAN

◊ PENGUIN

◊ ROOSTER

◊ SNOWCAP

◊ TATTLER

◊ TINAMOU

◊ TOURACO

```
H C R A N O M Y M N C R E C G
M Q C D J G C B K G F M K N X
M Q L P U O M A N I T B I H Z
M O U R N E R I R K N U X O R
E G R A C K L E S U G G E R E
C B C N N S H M S N O R L N L
N A H R O J G L E R O T E E T
A B I G E C T P S O U W B R T
L B C B E E A H S Q K O C O A
O L K U V L P T O C E Y C A T
T E E I L H E E B A S E G U P
R R N E S R F R R I T B N W J
O I R J A C K D A W R Z H X Q
M O S A R C E G A U E D I Z P
C O W B I R D U Q E L F O N Q
```

163

81

Bird Profile:
Great Spotted Kiwi

Latin Name: *Apteryx haastii*

Family: *Apterygidae*

Description: Among the <u>largest</u> and tallest of kiwis, the <u>great</u> spotted <u>kiwi</u> has light ashy-brown <u>feathers</u> that are <u>banded</u> or <u>mottled</u> with <u>white</u>, a small <u>head</u> and eyes, <u>short</u> legs, and a <u>long</u>, slim, <u>pale</u> bill.

It is flightless and <u>nocturnal</u>, resting in <u>hollows</u>, burrows, and rock <u>crevices</u> during the day. It <u>forages</u> during the <u>night</u>, tapping and <u>snuffling</u> along in its <u>pursuit</u> of invertebrates to eat.

Sounds: <u>Males</u> make a high-pitched repeated <u>whistling</u> <u>sound</u>; the female's <u>call</u> is a <u>lower</u> whistle and <u>pairs</u> are known to <u>duet</u>.

Distribution and habitat: They are <u>endemic</u> to New Zealand's <u>South</u> Island where they are found in <u>scrubland</u>, grassland, and <u>forests</u>.

Fun Fact: In <u>common</u> with other kiwis, but <u>unique</u> amongst other birds, they have <u>nostrils</u> on the <u>tips</u> of their beaks—they rely <u>heavily</u> on their sense of <u>smell</u> as their <u>eyesight</u> is <u>poor</u>.

```
D N A L B U R C S E G A R O F
N W E U Q I N U H E A V I L Y
U H T S E G R A L E T I H W T
O I D R O O P F E A T H E R S
S S U L W Z R B A N D E D E F
B T E O A E Y E S I G H T N N
H L T S W N C O M M O N U D O
O I P O T O R C R E V I C E S
L N L A L S K U L H T Q G M T
L G M T L S E I T L M R N I R
O R S H A E P R W C E A O C I
W E O G C C A Y O I O M L H L
S A U I G N I L F F U N S E S
U T T N P U R S U I T I P S S
E M H E A D S Z D E L T T O M
```

82

The Hawk by W.B. Yeats

'Call down the hawk from the air;
Let him be hooded or caged
Till the yellow eye has grown mild,
For larder and spit are bare,
The old cook enraged,
The scullion gone wild.'

'I will not be clapped in a hood,
Nor a cage, nor alight upon wrist,
Now I have learnt to be proud
Hovering over the wood
In the broken mist
Or tumbling cloud.'

'What tumbling cloud did you cleave,
Yellow-eyed hawk of the mind,
Last evening? that I, who had sat
Dumbfounded before a knave,
Should give to my friend
A pretence of wit.'

```
E R A B Y C A G E D A E J T D
V N E W D L U O H S O I I U U
A D R D R Z J E A S X W R M M
N C D A R I V M W N P W N B B
K L F N G A S B K D O I X L F
T A S U E E L T R L L H T I O
D P X L Z I D L L O L I W N U
A P C W G T R E I Z K L M G N
A E E I D N Y F A W A E A T D
L D Y L N R I P R E T E N C E
I Z E D I A R N E R O F E B D
G T S I M E Z O E Z W H A T U
H S C U L L I O N V C O O K O
T P R O U D G N I R E V O H L
S D N W O R G D E D O O H D C
```

167

83

Birds Beginning with... H

◊ HAPPY WREN

◊ HARDHEAD

◊ HARPY EAGLE

◊ HARRIER

◊ HAWFINCH

◊ HAWK

◊ HERERO CHAT

◊ HERRING GULL

◊ HOATZIN

◊ HOBBY

◊ HOODED SISKIN

◊ HOOPOE

◊ HORNED COOT

◊ HORNED GUAN

◊ HORUS SWIFT

◊ HOTTENTOT TEAL

◊ HOUSE SWIFT

◊ HUIA

◊ HUME'S LARK

◊ HWAMEI

◊ HYACINTH MACAW

```
R I H Y A C I N T H M A C A W
L E H A R P Y E A G L E Y A H
X A I K R T F I W S E S U O H
H I E R R D H E A E O S E H A
O H H T R A H Y H T P N A O N
R N E H T A L E M X O R I A T
N E R R A O H S A S O P U T F
E R R W E W T C E D H G Q Z I
D W I J H R F N I M D U J I W
C Y N I Y P O I E E U H I N S
O P G F B A D C N T M H H A S
O P G M B H M R H C T A H H U
T A U H O Y O A U A H O W H R
G H L A H H W H A L T B H H O
H I L N I K S I S D E D O O H
```

169

84

Lesser...

◊ COUCAL

◊ CUCKOO

◊ ELAENIA

◊ FISH EAGLE

◊ FLAMINGO

◊ FLORICAN

◊ GREENLET

◊ GREY SHRIKE

◊ HONEYGUIDE

◊ HORNERO

◊ JACANA

◊ KESTREL

◊ KISKADEE

◊ KOA FINCH

◊ MELAMPITTA

◊ MOORHEN

◊ NODDY

◊ NOTHURA

◊ RHEA

◊ ROADRUNNER

◊ SCAUP

◊ SEEDCRACKER

◊ SHORTWING

◊ YELLOWLEGS

```
L V A F L A M I N G O L P H T
K N N W M E L A M P I T T A B
T C A H P H X R T E P L U N R
B O C U J R N E L A E N I A U
F U A G Y O L N U D T B H S G
I C J Q T N U N I L K C O G N
S A Y H E V O U S L N Y R E I
H L U E K D G R M I K E N L W
E R R E D Y K D F O Y U E W T
A G O Y E E O A O S O Q R O R
G H T N S B O O H O H R O L O
L N O T J K M R Y T K N H L H
E H R N A C I R O L F C P E S
G E E D A K S I K E O U U Y N
L Z S E E D C R A C K E R C K
```

85

Bird Profile: Gouldian Finch

Latin Name: *Chloebia gouldiae*

Family: *Estrildidae*

Description: Unmistakable due to its <u>vivid</u> plumage, the <u>Gouldian</u> finch has a yellow <u>belly</u>, purple <u>chest</u>, black <u>throat</u>, green back, and blue <u>nape</u>. Its face is <u>yellow</u>, black, or <u>red</u>. Though females are less <u>bright</u> than their male counterparts, they are otherwise <u>similar</u> in appearance.

Like many <u>members</u> of the finch <u>family</u>, they <u>feed</u> on <u>seeds</u>, for which they <u>forage</u>. Outside the <u>breeding</u> season they <u>may</u> be seen in <u>mixed</u> flocks with other <u>types</u> of finches. During the <u>mating</u> season, the male <u>fluffs</u> his feathers and <u>bobs</u> his <u>head</u> in a <u>bid</u> to <u>attract</u> a mate as he <u>shows</u> off his <u>brilliant</u> feathers.

Distribution and habitat: The Gouldian <u>finch</u> lives in <u>tree</u> <u>hollows</u> on shrubland and <u>grasslands</u> in parts of northern <u>Australia</u>.

Fun Fact: <u>Perhaps</u> unsurprisingly, the <u>varied</u> and vivid feathers of the Gouldian finch have <u>resulted</u> in the alternative name, the <u>rainbow</u> finch.

```
T C H E S T V A R I E D Y M I
Y D Q E G T R G Y E Q L H I D
P D E O H A O S R A L G O X G
E D I R I U R T E E M T L E R
S D O N L S R O B D N E L D A
V A B D S T E Y F A P C O Y S
T O I P S R S E I A B R W H S
W A S V P A U L N M R G S B L
N M I M A L L L D A E H O T A
Y F M E H I T O B S E B G D N
L L I M R A E W R W D D N F D
I U L B E R D D I O I I I S
M F A E P C U Y G H N V T N D
A F R R D E E F H S G I A C I
F S E S T C A R T T A V M H B
```

86

Words That Rhyme With CRAKE

AWAKE

BACKACHE

BAKE

BRAKE

CUPCAKE

DAYBREAK

DRAKE

HEADACHE

INTAKE

KEEPSAKE

LAKE

NAMESAKE

OATCAKE

OPAQUE

OVERTAKE

RETAKE

SHAKE

SHEIK

SLAKE

SNAKE

STAKE

STEAK

TOOTHACHE

UNMAKE

```
E K A T P A K E X I N T A K E
G J E E K A R W E K A M N U H
I D K N A M E S A K E P C P C
E W A K E J O E T E D W H V A
X K W I S H E I K A G E C E H
K E A S D L A A K A K H T K T
A E E B K T T B V E T E D A O
E P K O E E F A C E G R H H O
R S A A R L G C H U E C E S T
B A R T S B W K K Q P G A V S
Y K D C R R C A E A E C D N O
A E Z A X R E C C P J L A K E
D C K K S T Z H I O K K C K N
G E H E S B E E N K E E H L E
C U S L A K E K A S E S E N Y
```

175

87

Brown…

ACCENTOR

BABBLER

BARBET

BOOBOOK

BOOBY

BUSH WARBLER

CRAKE

CREEPER

DIPPER

FIREFINCH

FULVETTA

GOSHAWK

INCA

JACAMAR

LORY

MESITE

NIGHTJAR

ORIOLE

PARROTBILL

PELICAN

QUAIL

SHRIKE

SNAKE EAGLE

TWINSPOT

```
F M V N A C I L E P M L T K X
X E Q B A B B L E R U N E A B
L S F U L V E T T A S Y B K U
L I V R A J T H G I N R R O S
I T X S M I T O F G A O A O H
B E W R A K L T L H K L B B W
T E J N B G W L C K E E N O A
O L S V B I R N U R E Q R O R
R O R H N L I E G O A M O B B
R I E S R F F O P A G H T O L
A R P C E I S L C E L N N O E
P O P R R H K N P C E A E B R
T J I B A A I E N V M R C Y N
B F D W Q E K J R A M A C A J
W T K C Z P P E V L I F A P P
```

177

88

Passerines – Part Three

ANTBIRD	SADDLEBACK
BOATBILL	SATINBIRD
BOKMAKIERIE	SITTELLA
BUTCHERBIRD	SPARROW
CAPE BATIS	TCHAGRA
CUCKOOSHRIKE	THORNBILL
FISCAL	TRILLER
IORA	VANGA
LOGRUNNER	VIREO
LONGBILL	WEDGEBILL
MINIVET	WHIPBIRD
ORIOLE	WHISTLER

```
N D T W E D G E B I L L D S L
U R C L L I B G N O L B N I J
Y I H S A D D L E B A C K T D
A B A V Y T R D R I B T N A L
L R G E I R E I K A M K O B B
L E R S A T I N B I R D Q E R
E H A S U Q R Y D P Y N S P E
T C U C K O O S H R I K E A L
T T X G S P A R R O W H V C T
I U P U A Q Y J R E O M W Q S
S B A P J G U A H N L E E V I
L O G R U N N E R N T L R F H
L W I F I S C A L G B F I I W
O R I O L E T E V I N I M R V
B O A T B I L L I B N R O H T
```

179

89

Birds of Europe

BLACK STORK

BUSTARD

CHIMNEY SWIFT

CHUKAR

GLOSSY IBIS

GOLDCREST

LAUGHING DOVE

MUTE SWAN

PUFFIN

PURPLE HERON

ROCK DOVE

ROOK

SANDERLING

SEDGE WARBLER

SHRIKE

SMEW

SNOWY EGRET

SORA

TEREK SANDPIPER

WATER RAIL

WHINCHAT

```
T E R E K S A N D P I P E R I
U P X C H I M N E Y S W I F T
N I L R E L B R A W E G D E S
J O I I S I B I Y S S O L G X
R K R L A U G H I N G D O V E
E A S E K R O T S K C A L B G
X J K F H T R K G S R N U M O
F B F U R E V E O M W S T U L
F M Y W H O L V T O T N A T D
K K E P K C C P R A R L H E C
X M V H U K V K R I W I C S R
S I F L N F X D D U U W N W E
R V A R O S F B B O P P I A S
S A N D E R L I N G V U H N T
T E R G E Y W O N S R E W Q Y
```

181

90

Birds Beginning with... A

ACCENTOR

AFRICAN PITTA

AKALAT

'AKEKE'E

'AKIAPOLA'AU

'AKIKIKI

'AKOHEKOHE

ALPINE SWIFT

AMAUI

AMUR FALCON

ANDEAN DUCK

ANHINGA

'ANIANIAU

ANTBIRD

ANTWREN

APALIS

'APAPANE

APO MYNA

ARGUS

ASHY BULBUL

ASTRAPIA

ATIU SWIFTLET

AUK

AVOCET

```
A T F I W S E N I P L A H F A
A J A L A A P O M Y N A U K A
K C U D N A E D N A A Y I A S
A O A A T I U S W I F T L E T
F F A B B A U A I N A I N A R
R E L T I R A B U S U O G E A
I N O A R G Z A H Y C R A H P
C A P T D U A Y V L A C A O I
A P A L I S B K A O C A N K A
N A I A E U A F I E C E U E G
P P K V L E R N N K R E N H N
I A A B Q U K T H W I S T O I
T I U A M A O E T A G K V K H
T L W A T R P N K D I O I A N
A X A K A L A T X A O A A G A
```

183

91

Bird Profile: Eurasian Nuthatch

Latin Name: *Sitta europaea*

Family: *Sittidae*

Description: The Eurasian nuthatch male has a blueish upper body with a black eye-stripe, white throat, and peach underside. The female is generally similar though paler in appearance and both have long pointed bills.

Nuthatches feed on insects such as caterpillars as well as seeds and nuts, and can be spotted descending trees head first. Their name is derived from the way they wedge nuts into crevices before smashing them with their hard bills to access the food inside.

Sounds: Repeated loud, sharp *dwip* and whistled *pee-pee-pee* song.

Distribution and habitat: The Eurasian nuthatch can be found across more temperate areas of Eurasia from the United Kingdom to Japan and often inhabits mature woodlands.

Fun Fact: It has been nicknamed the "mud dabber" due to its unusual habit of plastering mud around the entrance hole to its nest, until it is the desired size.

```
Y D E T T O P S T C E S N I Y
D S E C I V E R C C S S S P A
O P E R S S O R C A N E R Z W
B O C I I N E A J N Q A E U S
L I N D M U A E E E H T P D W
U N A E I T C D R S J O N A S
E T R R L H C G T T A A L U J
I E T I A A E E V H L E N E N
S D N S R T S W K D R U R Z A
H D E E F C S A O Q S O W A I
S A Q D R H J O H U D M A P S
O B S I Z E W P A L E R U T A
N B W H I S T L E D H A R D R
G E W I N S I D E R I V E D U
C R E L A M E F E R U T A M E
```

185

92

Red-billed…

CHOUGH

CURASSOW

DUCK

DWARF HORNBILL

EMERALD

FIREFINCH

FRANCOLIN

GULL

HANGING-PARROT

HORNBILL

MALKOHA

MESIA

OXPECKER

PARROT

PARTRIDGE

PIGEON

QUAILFINCH

QUELEA

SCIMITAR-BABBLER

SCYTHEBILL

STARLING

TOUCAN

TYRANNULET

```
T M A L K O H A D H Y P F G L
O F R A N C O L I N F P J N L
R O X K K W A C H O U G H I I
R X T P A R T R I D G E Q L B
A P M Y E P G V F T W H U R E
P E I M R L A I N O G Q A A H
G C E G L A R R S Z D M I T T
N K K D E E N S R B B C L S Y
I E R S F O A N N O X Q F A C
G R W I H R N B U F T O I L S
N U N Q U E L E A L I S N L H
A C N C T O U C A N E K C U D
H L L I B N R O H M K T H G V
D W A R F H O R N B I L L Y A
S C I M I T A R B A B B L E R
```

93

The Anatomy of a Bird

BEAK	IRIS
BELLY	KIDNEY
BILL	MANTLE
BREAST	MEDULLA
BURSA	RUMP
CLAW	SCAPULAR
EYESTRIPE	TARSUS
FEET	THROAT
FLANK	TIBIA
FOVEA	VENT
GIZZARD	WATTLE
HEAD	WING

```
T P U L M D R A Z Z I G T E S
U Y M S A F A A M A M T H W Y
P M U R O K O M S Y I H R N B
A S T V W A Z R A A K D O V I
L C E I M E U J M N B A A E R
O A L T I B I A V E T K T F A
A P T P D E Q F O M D L W E B
Y U T A R Y K S X Q P U E E Z
E L A R Y E U F L A N K L T V
N A W X T S K A T W K L H L L
D R U N R T C I A S Y T Y D A
I W E A P R R L J Y A S P A U
K V T T F I C N D T I E J E C
U Q C H S P F L L I B O R H A
Y P G Q M E N P W I N G T B J
```

94

Little… – Part Two

BEE-EATER	GREENBUL
BITTERN	HERMIT
BLUE HERON	LORIKEET
BLUE MACAW	OWL
BUNTING	RAVEN
BUSTARD	SHEARWATER
CORMORANT	SPOTTED KIWI
CRAKE	STINT
CUCKOO	TERN
FORKTAIL	THORNBIRD
GRASSBIRD	WEAVER
GREBE	WOOD-RAIL

```
L I A R D O O W J R B H I Z L
O T R E T A E E E B N I U Z L
D N V T H O R N B I R D P L W
D A S H E A R W A T E R Q O O
W R P T I W I K D E T T O P S
A O I H E R M I T M T F F T I
C M B B T N E V A R I K Z E H
A R L P S M E D L C B N R E T
M O U G X S S I R R G W U K I
E C E R E V A E W A G P C I C
U B H Z L T S R M K T Q N R U
L V E K K C V T G E V S V O C
B E R R F P M M I A A G U L K
A X O R G G R E E N B U L B O
J F N P I W G G N I T N U B O
```

191

95

**Words That Rhyme
With SWALLOW**

ALLEGRO	MORROW
BELLOW	NOUVEAU
BLOW	OUTGROW
BONGO	OXBOW
CALLOW	PLUTO
CHATEAU	PRESTO
FOLLOW	SHADOW
GINGKO	TEMPO
GIZMO	VELCRO
HEDGEROW	WALLOW
HOLLOW	YELLOW
METRO	ZERO

```
W B O T U L P Z O C O M Z I G
O E L Z D X J R P T I M O C P
D L I P U A E V U O N P U E S
U L U I Y Z P W K I M P P E O
H O U D O J B L O E A W W A W
S W I J I P R B T R O M A N K
Y G O U T G R O W L E M K O R
H I T C X Y T D L O O G A T R
W N W E A L L E G R O X D S B
O G N O B L Y E R C O R T E M
D K J U L W L O B L J V W R H
A O I R D L W X H E H O T P O
H O L L O W A B X V L E E Y W
S U A E T A H C E B O X B O W
W A L L O W M V F O L L O W X
```

193

96

Bird Profile:
Mute Swan

Latin Name: *Cygnus olor*

Family: *Anatidae*

Description: A large white waterfowl, easily identifiable by its orange-red bill, black face, and S-shaped neck. The mature bird has a black knob above its beak. The mute swan is monogamous, territorial, and aggressive, so smaller bodies of water will typically be home to just a single pair.

Sounds: As indicated by the word "mute" in their name, they are a quiet species though they do make some grunting, snorting, and hissing sounds as well as greeting mates and their broods.

Distribution and Habitat: Primarily found across Eurasia, they have been introduced in North America.

Fun Fact: *The Ugly Duckling* tells of a cygnet—baby swan—born into a group of ducklings and considered hideously ugly by comparison. Ill-treated by many, he has the last laugh when he grows into a beautiful and elegant mute swan.

```
E Z Z G N I T N U R G K P U W
D H O M E H Q T P S G R O U P
R R Y L G U N M N S I N G L E
O N Y K I A B N A M E J J A I
W R N E G L O F A N L C M A N
X O T E A M D R K G Y E I G T
B B L C U L I A N G R S E G R
H E K T E L E I N I A T R R O
G N E K Y B S E C R I S U E D
U X A K Q S T A U H K A T S U
A M W W I M S E W F E L A S C
L Y E H S W W U S E T A M I E
Z L H M O N O G A M O U S V D
L R S D O O R B O S D K C E N
Y L I S A E G D U C K L I N G
```

97

TV Birds

BEAKY BUZZARD	OWL
BECCA	PIDGEOT
BIG BIRD	PINGU
COUNT DUCKULA	PRIVATE
DAISY DUCK	QUACKER
DEWEY	RICO
DONALD DUCK	SCROOGE MCDUCK
EGGHEAD, JR.	SKIPPER
HUEY	TOUCAN SAM
IAGO	TWEETY
KOWALSKI	WOODSTOCK
LOUIE	WOODY

```
K C U D D L A N O D X Z B M K
O X A L U K C U D T N U O C O
M A S N A C U O T S J U U K W
T L B X W U C C P G C D R C A
Y T O K O D Q I N I Y G J O L
Y W C K O C D R U S D S D T S
L E G A D M V L I F E G A S K
C E U D Y E R A X T Y I E D I
P T H R E G D O A E B C H O A
W Y U I T O L V W L N G G O T
U J E B P O I E O D I A G W P
F U Y G U R D Q U A C K E R B
U G N I P C R A Q C I O G A I
S B E B V S Q R E P P I K S O
E D R A Z Z U B Y K A E B E R
```

98

Incredible Nest Builders

BALD EAGLE

BARN SWALLOW

BAYA

BEE-EATER

BLACK KITE

BOWERBIRD

BUSHTIT

CISTICOLAS

GYRFALCON

HAMERKOP

HORNBILL

JACANA

LITTLE GREBE

MALLEEFOWL

OROPENDOLA

OVENBIRD

PURPLE MOORHEN

SWIFTLET

TAILORBIRD

WHITE TERN

WOODPECKER

```
G T D C I S T I C O L A S P U
P D R I B R E W O B N Y N W S
G Y R F A L C O N R T C T N L
Y R X Z B A L D E A G L E P W
E B E R G E L T T I L H A O O
T R P T O V E N B I R D L K F
A Z M E A T Z U F O X L O R E
I N A A I E S L O S A O D E E
L J A H Y H E M L W T V N M L
O Q W C T A E E S I W D E A L
R F F I A L B N B F B C P H A
B Q T X P J R Q H T P N O I M
I I P R U A Q B A L G W R M Y
R I U F B R E K C E P D O O W
D P B L A C K K I T E G T M H
```

199

99

The Owl by Alfred, Lord Tennyson

When cats run home and light is come,

And dew is cold upon the ground,

And the far-off stream is dumb,

And the whirring sail goes round,

And the whirring sail goes round;

Alone and warming his five wits,

The white owl in the belfry sits.

When merry milkmaids click the latch,

And rarely smells the new-mown hay,

And the cock hath sung beneath the thatch

Twice or thrice his roundelay,

Twice or thrice his roundelay;

Alone and warming his five wits,

The white owl in the belfry sits.

```
M G S D I A M K L I M Q N B I
F N G H C D G N I R R I H W M
A I O R R J N T Y D K N S S Z
U M J Y A O H U H R L X T U E
E R T B U R U H O C F O A N H
H A M H I E E N M R E L C G N
L W S C G V A L D A G T E I W
A W E T S I S L Y E E H I B O
T S O S H F L M O Y L R S H M
C A G T Y A A B E N E A T H W
H I P I O R T E W L E M Y S E
S L C S C O R C M C L T B D N
O T J S J F X E H O D S V U U
C L I C K F Q A M C C E H M K
E C I W T F Y D W K Y D W B Y
```

100

Seabirds

ALBATROSS	MURRE
AUKLET	NODDY
BOOBY	PELICAN
CORMORANT	PENGUIN
FAIRY PRION	PETREL
FISH HAWK	PUFFIN
FRIGATEBIRD	RAZORBILL
FULMAR	SCOTER
GANNET	SEA EAGLE
GREBE	SKUA
GUILLEMOT	TERN
KITTIWAKE	TROPICBIRD

```
K W A H H S I F I W E B E R G
R A Z O R B I L L S O X H K P
G C Y S F R I G A T E B I R D
R E T O C S K S E A E A G L E
J N L T R O P I C B I R D T J
O A T E R R U M T G A N N E T
G C N I F F U P U T O N U Y S
U I A R F L L X N D I S A S I
I L R A T U C E D I U W O Q R
L E O T E P L Y R Z U R A R C
L P M L I D S M B T T G D K O
E B R R G A S O A A E Y N C E
M T O D Y K O K B R H P P E T
O P C S U B I L T E L K U A P
T A D A Y F A I R Y P R I O N
```

101

Unusual Birds

ASTRAPIA	KAKAPO
BEE-EATER	KEA
CASSOWARY	KIWI
CORMORANT	LYREBIRD
CURASSOW	OILBIRD
FRIGATEBIRD	PAROTIA
GREAT BUSTARD	POTOO
HOATZIN	SAGE-GROUSE
HORNBILL	SHOEBILL
IBON	SHOVELER
INCA TERN	TRAGOPAN
KAGU	UMBRELLABIRD

```
A I P A R T S A N R L F A D R
D X P W F T A E E I Q R R E N
R D O H R J Z T E L Z I J X K
A R T D G B A D L X B T N C E
T I O S F E Y I R E I Y A S K
S B O T E R B D T I W W U O E
U A O E T E A R O B O I C H
B L B P O N G L S I R E F K F
T L V H A I A S E G B A R P L
A E S K R K A R E V E L P Y M
E R E F N R A G O N O B I K L
R B Y H U G A K N M V H J O N
G M W C A S S O W A R Y S R R
D U L I Z L L I B N R O H M V
T R A G O P A N R E T A C N I
```

205

102

A Charm of Finches

AZORES

BRAMBLING

BULLFINCH

CANARY

CITRIL

CROSSBILL

DESERT

EUROPEAN

FRINGILLA

GOLDFINCH

GREENFINCH

GROSBEAK

HAWFINCH

HOODED

HOUSE

LINNET

PINE

PURPLE

PYRRHULA

REDPOLL

ROSEFINCH

SISKIN

TENERIFE

TRUMPETER

```
E T C T R U M P E T E R D D L
E N A I C Q C L E S A O P E L
O N I D T R P N X L U F P D O
L N O P D R E V L V M O G O P
E B E S U R I I T S P R H O D
K R N P I Y G L H Z E X H H E
H A W F I N C H C E A C Y P R
C M E N I C W R N L N R R Y K
N B N R E B Y F I I S O A R A
I L F I M M I D F N E S N R E
F I W Q K N E E L N R S A H B
D N V R C S S L L E O B C U S
L G M H E O I S U T Z I C L O
O Z P R R K L S B N A L B A R
G T T N A E P O R U E L M G G
```

207

103

Artists Featuring Birds in Their Works

ABBOTT	LARSEN
AUDEBERT	LEWIS
AUDUBON	MICALLEF
BARRABAND	MULLARNEY
BRENDERS	QUINN
BROOKS	ROSE
BROWNE	SLATER
CHING	SMITH
DIXON	TINGXI
GAGE	VARELA
JONSSON	WOLF
KNIGHT	WOODTHORPE

```
Z T D U B A R R A B A N D N J
U G S I W E L T T O B B A O S
V S B O L G V F H V S P C X N
E B K R A A O A L G W G S I N
I R L G E O R R O I U X D I
Q O E J O N S S O N W N W A U
G W E Y Y K D D E Y P F K U Q
A N Q W B A T E R N E U V D N
L E I H N H V E R L B Y R U B
E M K H O U T T L S U O T B R
R S N R C A S A A M S K D O O
A M P K L A C D K E V B F N O
V E H S M I T H I X G N I T K
A S O R M A U D E B E R T P S
M U L L A R N E Y A B C Q V D
```

209

104

Bird Profile:
Marabou Stork

Latin Name: *Leptoptilos crumenifer*

Family: *Ciconiidae*

Description: This colonial bird is not easily missed at up to 1.5m tall with a massive wingspan which can reach up to 2.9m. It has a bald, pink head and neck that appear sunburned, black cape-like wings, a white tuft at the neck, and a pink gular pouch, all atop long, skinny legs. Sometimes described as unusual or macabre-looking, it has earned the nickname the "undertaker bird". Indeed, it is often found lurking near carrion killed by other animals in opportunistic hopes of scavenging the scraps.

Sounds: Lacking a voice box, it is, as is typical with storks, a quiet bird. It makes some sounds using its throat pouch and by clattering its massive dagger-like bill.

Distribution and Habitat: Found across much of sub-Saharan Africa in a variety of habitats such as grassland and wetlands.

Fun Fact: The marabou stork has an unusual method of keeping cool… squirting excrement down its legs, giving them their white appearance.

```
N D N Q A W D E V I S S A M R
E T L S U N B U R N E D B P D
C Y S A U I I I Q A A G S O N
K P D O B N E M R I C N T U A
A I F T U H U T A D R I O C L
P C K F J N D S H L O T R H S
P A W U S A D C U L S R K F S
E L E T P S A S O A S I D J A
A U T A A E K N B C L U E S R
R O L L R P G I Y K G Q S E G
A B A L C N L L N I T S S P U
N A N O S L E S G N I W I O L
C R D O I G Z D M G Y F M H A
E A S C S U N D E R T A K E R
A M E T H O D S T A T I B A H
```

211

105

Bird Songs

- ◊ *ALBATROSS*
- ◊ *ALOUETTE*
- ◊ *BIRD ON THE WIRE*
- ◊ *BIRD SET FREE*
- ◊ *BLACKBIRD*
- ◊ *BLUEBIRD*
- ◊ *CAGED BIRD*
- ◊ *DISCO DUCK*
- ◊ *FLAMINGO*
- ◊ *FLY LIKE AN EAGLE*
- ◊ *GREY GOOSE*
- ◊ *KOOKABURRA*
- ◊ *SALLY'S PIGEONS*
- ◊ *SKYLARK*
- ◊ *SNOWBIRD*
- ◊ *SPARROW*
- ◊ *STRANGE BIRDS*
- ◊ *SURFIN' BIRD*
- ◊ *THE BIRDIE SONG*
- ◊ *THE CHICKEN SONG*
- ◊ *THE WOODPECKER SONG*
- ◊ *THREE LITTLE BIRDS*
- ◊ *VULTURES*
- ◊ *WINTER BIRD*

```
E  B  W  E  S  O  O  G  Y  E  R  G  C  F  E
I  R  E  L  G  A  E  W  D  E  U  S  H  N  I
Z  C  A  G  E  D  O  I  K  K  N  U  I  D  D
W  I  N  T  E  R  S  C  N  O  A  F  C  S  R
W  I  C  E  R  C  E  L  E  R  R  E  K  M  I
A  R  Q  A  O  P  R  G  I  U  T  Y  E  S  B
L  N  P  Z  D  F  I  B  S  T  L  B  N  T  D
B  S  F  O  A  P  W  X  E  A  T  H  K  R  B
A  K  O  O  K  A  B  U  R  R  A  L  I  A  L
T  W  L  X  O  L  O  K  Z  F  W  B  E  N  U
R  Q  I  P  K  L  T  X  V  T  K  N  P  G  E
O  J  B  F  A  Q  I  H  X  C  B  L  J  E  B
S  Q  R  N  Q  G  F  L  A  M  I  N  G  O  I
S  E  Y  O  J  V  U  L  T  U  R  E  S  Q  R
E  U  S  D  R  I  B  W  O  N  S  L  H  Q  D
```

106

Flightless Birds

APTERIBIS

AUCKLAND TEAL

CAMPBELL TEAL

CASSOWARY

DODO

ELEPHANT BIRD

EMU

GIANT COOT

GIANT MOA

GREAT AUK

INVISIBLE RAIL

KAGU

KAKAPO

KIWI

MOA-NALO

PENGUIN

RHEA

SNIPE-RAIL

SOMALI OSTRICH

TAKAHE

WEKA

```
K Q A O M T N A I G J N N S I
C A M P B E L L T E A L I G S
K X D G C D O D O K K B U H O
E U C I W A S O E A I E G O M
R G A A Z U W W G R L A N L A
K N S N E C N U E E S B E A L
V E S T H K V T P M N A P N I
K G O C A L P H R U I S S A O
T U W O K A A Z M S P P U O S
D D A O A N M I G A E H R M T
M V R T T D O P I W R J F C R
J A Y B A T N N B W A O Z A I
C L I A R E L B I S I V N I C
S R E A W A R G E Y L K U L H
D E T S W L F G O P A K A K J
```

107

Birds of Prey

BALD EAGLE	KESTREL
BARN OWL	KING VULTURE
BATELEUR	MERLIN
BESRA	OSPREY
BLACK BAZA	PYGMY OWL
CARACARA	RED KITE
FISH-EAGLE	SCOPS OWL
GOSHAWK	SEA EAGLE
GYRFALCON	SHIKRA
HARPY EAGLE	SNAIL KITE
HEN HARRIER	SNAKE-EAGLE
HOBBY	TAWNY OWL

```
K I N G V U L T U R E C A E X
E T I K L I A N S B F R I L H
E L G A E E K A N S A K E G A
X Q R I P A N S P C E G N A R
N I L R E M C H A S O A A E P
G L M I M O I R T S Z R T H Y
Y H S F P Y A R H A S I O S E
R T N S B C E A B E K F S I A
F A O N A L W K B D I U E F G
A W O N T K C V E I L Y A J L
L N S H E A A R K I H S E Y E
C Y P O L W O Y M G Y P A S G
O O R B E L W O N R A B G H S
N W E B U B A L D E A G L E T
M L Y Y R E I R R A H N E H I
```

217

108

Urban Birds

BLACK KITE	PARAKEET
BLACKBIRD	PIGEON
BLUE TIT	ROBIN
CHAFFINCH	ROCK DOVE
COAL TIT	SISKIN
CROW	SPARROW
FLYCATCHER	STARLING
GULL	SUNBIRD
HORNBILL	SWALLOW
KINGFISHER	SWIFT
MAGPIE	TERN
MARTIN	THRUSH

```
H C N I F F A H C L G N H E Q
U E T I K K C A L B T P V P G
G B L A C K B I R D U O P N D
V J X T F F B V M J D K I L Y
L R S S U N L A D K I L F W Z
M E P I R A G W C N R N L O Z
H H T O S P D O G A N I L L R
P C H T I K R F T V L B N L M
A T S E U C I S H S C O W A U
R A P R F S B N L S E R R W U
A C A N H L N G M G U T O S Z
K Y R E X R U Z I B I R W W M
E L R A K L S P M N D I H U Q
E F O O L T J A K V F X Q T V
T E W C O A L T I T E U L B G
```

109

To the Nightingale by John Milton

O nightingale that on yon bloomy spray

Warblest at eve, when all the woods are still,

Thou with fresh hope the lover's heart dost fill,

While the jolly hours lead on propitious May.

Thy liquid notes that close the eye of day,

First heard before the shallow cuckoo's bill,

Portend success in love. O, if Jove's will

Have linked that amorous power to thy soft lay,

Now timely sing, ere the rude bird of hate

Foretell my hopeless doom, in some grove nigh;

As thou from year to year hast sung too late

For my relief, yet hadst no reason why.

Whether the Muse or Love call thee his mate,

Both them I serve, and of their train am I.

```
P T F O S U O I T I P O R P E
O L I N K E D S S E C C U S D
R A S O O K C U C Y A R P S U
T Y W Y M O O L B F E I L E R
E D L H E L A G N I T H G I N
N R L L E T E R O F D R I B E
D A I L E T I O E Y R R A V S
S E F Y E R H V S A L E E I U
S H A Q M A T E E D S E S E N
E M A M T U D T R Y I O M H G
L J C L O S E A V L E U N I F
E O W H L R D H E L M A Q Q T
P V T A D O O A P O W E R I T
O E S D O O W U H J S T I L L
H S R E V O L T S E L B R A W
```

221

110

Mythical Birds

ABABIL	GAMAYUN
AETHON	GRIFFIN
ALICANTO	HORUS
ALKONOST	ITSUMADE
BASAN	PHOENIX
BENNU	PIASA
CALADRIUS	RAIN BIRD
CETAN	STRIX
CHAMROSH	THOTH
CHOL	TURUL
FENGHUANG	VUCUB CAQUIX
FIONNUALA	ZHENNIAO

```
N I F F I R G F A S A I P X N
I C C V F I O N N U A L A I U
T S S H Z N S J W H L H Z N Y
S M U P A D A A J N O H T E A
U J R I S M Q S L L H L L O M
M D O A R Z R C A I C A A H A
A P H L I D G O S B C B X P G
D A T Q T N A N S T S A B Z N
E L G U M D B L A H R B N W Q
N K O U R F F I A U T I C T B
A O O S U U B C R C H L X V O
T N H S D N L H A D O G Q T U
E O Z H E N N I A O T P N J H
C S K U U V M E K D H I I E H
Z T X I U Q A C B U C U V Q F
```

223

111

Bird Profile:
Emperor Penguin

Latin Name: *Aptenodytes forsteri*

Family: *Spheniscidae*

Description: The largest of the penguins, this streamlined bird is well-adapted for life in the water. It has black feathers on its head, neck, flipper-like wings, and back. It has a white front that is yellower at the chest and orange/pink under the chin and a long, black bill.

Emperor penguins rely on the group to survive their harsh environment. Huddling together in massive packs, they rotate inward and outward taking turns to warm up and warm the others.

Sounds: The emperor penguin makes a vast number of calls to identify its mate and offspring among the masses.

Distribution and Habitat: Mostly found in the vast, frozen expanses of Antarctica, some vagrants have been found further north in areas such as the Falkland Islands and South Georgia.

Fun Fact: So vast are the massive emperor penguin colonies that they have been spotted and counted from space!

```
R M G B A V O U T W A R D T N
E R N L N A L A R G E S T H I
B A I A T G N I L D D U H T U
M W R C A R C O U N T E D R G
U A P K R A V D G R O U P O N
N J S S C N A Y A T C S I N E
S S F S T T S Z H E R P W D P
E P F N I S T E M E H A S N Y
I T O U C V R P H A T C G A F
N U D T A S E T F E T E N L I
O R R F T R A N R R F E I K T
L N I I O E T I H W O I W L N
O S B R F D D N U O F Z L A E
C H S R A H T S E H C N E F D
R O T A T E G E O R G I A N I
```

Different Ducks

BAIKAL	MANDARIN
BLUE	MERGANSER
CANVASBACK	ORINOCO
COTTON	SCAUP
EIDER	SCOTER
FLIGHTLESS	SHELDUCK
FULVOUS	SMEW
GADWALL	SPECTACLED
GARGANEY	STEAMER
GOLDENEYE	TEAL
LAYSAN	WIGEON
MALLARD	WOOD

```
R S E S S E L T H G I L F M K
M H H V S O R I N O C O A M C
E E N O M Y X O M S N N Y S A
R L U K E C Y A P S D T T P B
G D S L W I L E H A R E L P S
A U L C B L C A R B A R S B A
N C Z L A T F I Y M Z R C A V
S K I R A U N H E S E A O I N
E L D C L W P R J C A L T K A
R D L V Y P D N V U O N E A C
R E O M V L J A O E D T R L R
D U W I F V O D G E T Y T E V
S F O I X E B Z J S G E D O B
N G O L D E N E Y E Y I A P N
S R D B G A R G A N E Y W L C
```

SOLUTIONS

1

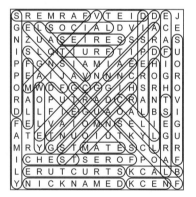

2

3

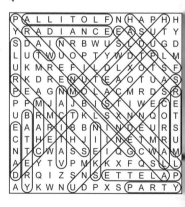

4

SOLUTIONS

5

```
N O C L A F A N Q F M J Z J T
X A Z V B M I T U R A C O R N
X L D U E G R E B E Z W O A A
S X C I H S T B C Q S P W E F
W N R T F I U A I V I S Y L Z
W E J S S S R K H C U G A K U
S A C E T A H C B C B M R Z H
R M M A C O I C C I O U B V
E E R A A R R V O N H M R F W
V D R T T D Y K G S T C F V C
O A Z S F R L O K T R L N U L
D I O E T C H I H O A C I R
N O E G I P W E W R G K Y F F
H L O O N I Q H A N O S D G R
N I U G N E P I X O N U X E X
```

6

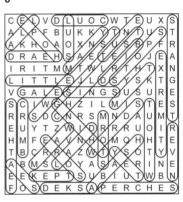

```
C E L V D L U O C W T E U X S
A L P F B U K K Y T N U S T
A K H O A O X N S U S B P F R
D R A E H S A E L E I O J E A
I R I T M M T W L R T H T X N
L I T T L E L L D S Y S K T G
V G A L E S I N G S U S U E
S C I W G H Z I L M I S T R S
R R S D C N R S M N D A U M T
E U Y T Z W I D R R R U O I R
H M F E A V N H O M O H H T E
T B C R R A Z W T Y S O T Y V
A B M S L O Y A S A E R I N E
E E K E P T S U B I U T W B N
F O S D E K S A P E R C H E S
```

7

```
R K L L L I B T O R R A P R N
R E H S A R H T O D L W E U A
L L I B X A W M R S O G W H H
B U N T I N G I E R R N O W C
R E L B B A B E R Q I I O R N
H S U R H T D A H G O L D E I
L C J G A E P S H F L R L L F
A C O C A S Y T K A E A A B D
N P M T D G I M M Y X T R R L
I O E K K N E S A C L S K A O
D R W A G T A I L X Z A W W G
R E G A N A T M K D W D R I D
A F L Y C A T C H E R I S K V
C E E K I D U N N O C K N H E
S H R E T A E Y E N O H E G K
```

8

```
K S A A B D Y U C S A D W F Q
W C I I G L T A E S P E R K K
X H S O F N M C B A H G E O R
K E N T B A H U I E Y T E N K
C R K A R U C N S U L F S N I
G R A G B S D E N K P L R I S
F I O B I B A U R U S L O G W
B E P R B J O O S U G L F K O
H O F O Z E K T T A L O Z D R
C F L E M I N G T V Z C D F B
I L G R E K C P E O K I C S M
R N N A M U E N S L E N J M
D Z Y L D S X P I Z Z E Y A D
L G C L T O K Q X O R X Q H Y
A L L A F P W V O K D A L G P
```

SOLUTIONS

9

10

11

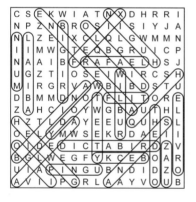

12

SOLUTIONS

13

14

15

16

SOLUTIONS

17

18

19

20

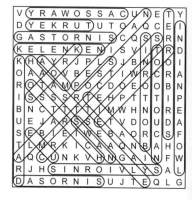

SOLUTIONS

21

```
R E N N I W D F L Y I N G L S
H I G H E R S N E R W V I D G
N S T W O O D L A N D G R S N
O W N E M U L O V H I G R I P
I O W L T S E J A T B N O T P
T R O F R P O C E S I U K S P
I E R W O Y I R T N I R E O
T G B R E R D C B D N R A H H
E D U U E N E M N G N O S G S
P E L A E S E A R N I N G I P
M H L L N R B A R R I N G H O
O N B I T A I L F O R E S T S
C E D E K C O C S S O R C A E
O E U N D E R N E A T H S T A
J S T A T I B A H E L G A E C
```

22

```
H F O N E W Z E A L A N D J M
R I O E V Y U M M G N A S K L
O O T Q L X R H I H L I E Q U
R R N S Z T U A R S B R H R
E E C O M L A L P I A P O
P L G X B G O A F O M N A C
M A I O H G A N L E A A S R K
E N L H N Q D P A B C N Y T H
K D N A C I R F A H T U O S O
T M A C A R O N I L Y Q B N P
M A G E L L A N I C A L T I P
U L Q E F E I L E D A G P H E
L N B G N I K T A Y X I E C R
N O R T H E R N O Y E U G W F
Q J D E T S E R C T C E R E F
```

23

```
G N I H T Y N A F L A S H E D
B T N H G U O R H T L L X W M
S R R O O H N E E U T T S O E
E H A I G C N F T S O F W
S E K L C T E W U E U L Y
S A O H L E A U L N S I L O B
O V O U T I D E L W D F L W B
M E L M K B A R R E L E
O G I M A G I N E C A O O R
N E R E T T A M C C Z S N S O
S T Q D S D E C R E I P G G R
T A V E N U E S B D L R O W P
E B S M E T S D E P P I H C K
R L D E P S A G A E R O F E B
T E M I T L U C K I L Y G I B
```

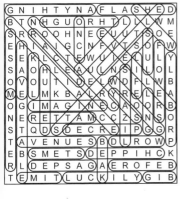

24

```
B U S A R W R E L B B A B E B
L A C U O C Y A B R A W O N A
D R I B K C A L B C O B A H B
B U L L F I N C H R B W B L R
B A T H A W K B C O S T U E R
B O B U O B U R S E R O T
R H U X E Z A E K T T W B B R
A E J S Z G A C E H A O I U E
M B R A G L U R H L I T S N
B A R N O W D O D W V T T I
L D A W E B A E N E B A E A M
I B L B M T R K R E T Z R R L
N P B E A R D E D T I T N D L
G A R Y A E L G A E D L A B E
D R I B E U L B R O L G A T B
```

SOLUTIONS

25

26

27

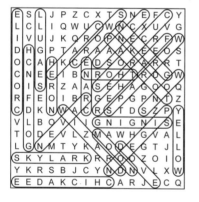

28

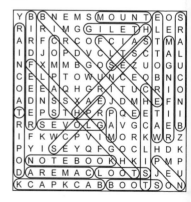

SOLUTIONS

29

```
T A P A C U L O T A S I T Y B
R U M B R E L L A B I R D A D
D R I B G N I K A D B F I G T
G L N L E A M N Z R L N N Y
N R Q D T T E I O E U J I R
A D C G Q S L S V R V N C T A
T Q A T H A T B E E W E P O N
E W J R E L A O B N P F C N
A B I N E Z L T T R E W B Q U
T K I B Z Q L C T I D O D E L
E A S P A D E B I L H V E
R R F L E M A N K P L R P T
O A Z A T I J N O M T A B U
F S H A R P B I L L W N N G K
E E D A K S I K N I K A N A M
```

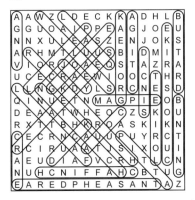

30

```
R E V O L P D E G N I R P B H
R O O T A K C O C Y F U N U C
N O E G I P N E E R G R I T N
K B C W O O D S T A R D G T I
W R E K C E P D O O W G H O F
A W A T T L E B I R D R T N A
H H I Q Q H G B R U E Q J Q C
W I P K D B R E C H L O A U N
O T P K N D E U S E G G R A U I
R E W E Y K T I S O A V U I Z
A T I O N V F Z C H E K L L I
A E F I R G T I N A M O U Y L
P R H I N C U D N U V U B C Y
S N M W F R I A R B I R D O
M O K F Q S Y I N W E L R U C
```

31

```
E F G I B L A C K R A D G S N
B S N D R E N I A L P A N M E
T A O P I N N T P R Z I N R D
G L N O I A D A N T E O I N O L
C N N D U H P E M N A I N F G
U S I C S O S U S E D N U R E
R E W L F T R A A C Y D T E T
V I R V P O A U F I E O S P A
E C A R E A U G T F X N P S R
D E T E Y N S N E I G E T E R
A P S E L A M X D N B S K M O
N S C O U R T I N G R I N U B
C A F O R E S T S A O A O L A
E L I A T R E V O M W C W P L
Y E L L O W C L E A N I N G E
```

32

```
A A W Z L D E C K K A D H L B
G G U O A I P P E A G J O E U
N N X U L E A S Z E N J O K S
A R H M T U U S B I D M I T
V I O R J O A E O S T A Z R A
U C E C R A E W I O O C T H R
L L N G K D Y L S R C N E S D
Q I N U E T N M A G P I E O B
D E A A T W H E O C Z S K O U
R X T B H R R O A S K I K N
C E C R N C A U P U Y R C T I
R C I R U A A T I S I X O C N
A E U D I A F V C R H T L C N
N U H C N I F F A H C B T U G
E A R E D P H E A S A N T A Z
```

SOLUTIONS

33

```
S R E H T A E F T N E T N O C
D H Y M O T I O N Y E R G L G
N G L T I U R F T U N E N A N
U A E O P W A R M T H Z I P I
O N T W O L D F L O W E R S H
S M A L L K O Q N D A E E E T
B R U I R W V F A O V R T Z I
D I N D D E F A E W E B T H W
T G S M W N S N C N O S I R P
R N E R L K I T O S U N L I T
P B E S A I C A D E L I G H T
A G R P R T T S R A R N E A T
C I T O L I S T E N L T S I M
E U L B W O A I L T H G I R Z
S U D D E N J C F E R E T A W
```

34

```
N I S S A C E I S V F X V G S
E B X D E R T N O P U D A S A
S O X L S K G E I A E G O P R
W N N U O P R Q V B P R W R E
W A Y O T B S P O H A B F L K
I P F G S I U I T R O S E U Q
L A P V W G I E O T T W N Z L
S R W E A B Q S T E O E O I E
O T L M I J U E L R Z P T N A
N E B B N N R L R K Y S T O C
R E C C S I E A L E C O U C H
L G L F O R B L Q E W I H V J
P G A M N D T Y S D R E W T R
C E R D F R N S P O K H R E B
M D K P L E U G A T N O M B B
```

35

```
E N A R C E U L B L K D V T K
Z D R I B R O T C O D E N A R
E T I K D E R K R K M S O H O
L W O E L T T I U B I G C M T
E O P O O H B W P A B B O M S
Q V U E N U F U R A T I R L E
M U T E S W A N L C G T T A T
K S R T G O S D N O X N N P H
R Y A D N W E L Y C A A A F I
A R G Q A A Z D W H N I B B W
D W S L G T C N M X N G U A P
S Y L L A R M C O C R I C O B
A O E O E H A R P Y E A G L E
W S H S A N O C L A F R Y G U
A U T S A K E R F A L C O N T
```

36

```
D E L T S I H W A E F O U N D
T H G I A R T S F E M A L E I
N K N L S R S N E D R A G E S
O A I A P M A N W O R B N V T
I M M N R S R E D E E F I N I
T R U I I X S I H V S N D L N
I E E S D H M F N I C E E R N C
S T S R C F R B A S M S I I A T
O S A A I E R D H E B T B A T V
P A N C H A A R T S L I G T I
H E U T N N U A E C A N N R E
S L R T A B L B I R N G O E C
T O A C B L O E G E C J S C R
N I C Y I R D E N S E C A F A
L R N C C I L O H T A C Y M L
```

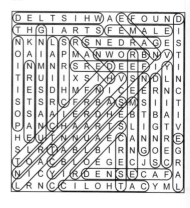

SOLUTIONS

37

38

39

40

SOLUTIONS

41

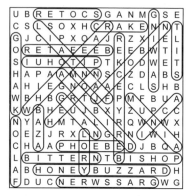

42

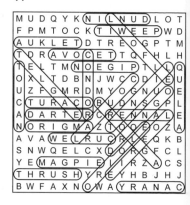

43

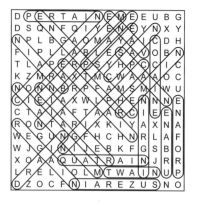

44

SOLUTIONS

45

```
W I N G S P A N B E T W E E N
Y G R S S O R T A B L A F T W
T R J U V E N I L E S I M O O
E U B S H I P S L O S A R N B
I N A L O N G K I H S S E N B
R T K E A F S R V S R E T A W
A S D N D C C E I D N H A C S
V Y A S O L K V N O P C I R M
E S E L E W E E Q O I T N E A
G A E E M I N N I F N A I N E
A U S V I A W N E E K P N I R
M F N A T A T D E E R B G H C
U I I R S N R E H T U O S W S
L N T T E D I S R E D N U A Q
P G E O R G I A I R B O R N E
```

46

```
K J T A H C E N O T S D N E K
I R O Z A Y K T S K I M M E R
B Y E Y K T C R E T R A D Y C
L A S W I S S T R O Q S S R X K
A S W O R T A I L O R B I R D
C I T I O R E H P D H O B B Y
K R L I F K A R S W N A U E L
D F A I P T C H C U N A C O L
U I P K Q I S U H A R I C P I
C N N M E U P N O S T H D O B
K F Q U E M W A R R C T O D
F O A Z A B J I P K A H H A
G O S H A W K L S M E C M E Q
V T E L W O D E R R A B U W R
B A Y I L L I B N O O P S B B
```

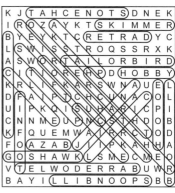

47

```
V R I O L I F T E E K A R A P
R A I N B O W L O R Y D U C K
U G Z E B R A F I N C H T O N
S I N O E G I P E V E O Z C W
U R C V Z C O K L J R S X K H
L E I T A K C O C R U C E A A
A G W I P I R C A N N M X T L
H D Q J H I T P O Q O M H O A
P U J C I G L I T H C K Q O G
E B K N O A P H C N I F L W O
C V L O G S O N G C A N A R Y
I V S E P S I T T A C U L A P
O E N J E F L O V E B I R D Z
P E V A S A P A R R O T L E T
S R G A W R J A L L E S O R S
```

48

```
S U S Y S G G S A R C M A E S
S S H T S U A S H E L D U C K
Z A O X N S H E K I R H S S N
S R E U I A S O R S U H I D
K H B S P T M D B N O R S X
R H I H E E O S O B R E T T S
E B L K W O S W I E S A K A A
T B U B R E C R L S R S R N D
A S E N G A D A T L K N A F E
W W P R P S R H I V R I L N R
R S B A G K W N A S A S N N E
A O M R R N G I A T L O U C L
E N D N E R U Z F R Y R S H I
H A E T P S O S C T K A E W N
S S W O L L A W S L S A S V G
```

SOLUTIONS

49

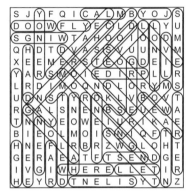

50

51

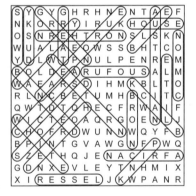

52

SOLUTIONS

53

```
H N H A D G N I W P A L P G Y
C D I L K C E N Y R W T I A L
I R E L B R A W I G U H N E A
R A M E T L L A W D A G T M Z
T M H S H A F N L P D M A O T
S A P O Y A V A E U V N I O E
O C E R S D R A L I A M L R U
E A A H R E C R M K W G P H Q
U J F R M O W D X E R R I E G
Q S O E C A C N E E J K N N
I Q W K G E W B Y Y R R N R I
C E L C A O I L V V O T E T W
A M A I O L A C W U V S N S X
C Y W L L G E X P S W G U H A
C J J F W L L I B X A W E W W
```

54

```
N O I N U E R F A O P U N A Z
Y S A G A L A M Y Y N A O B G
X D O W J L S C I A N M B R
X E L T B A N Z I L A Q A B G
M P I I C Y V S A C F L U D I
T A V R B O A R I P D F C E A
C N E C T R T R U O F E Y K N
R D J E U S F E G N Q M S C T
E E Z E U A J O E X H O S E D
S R R A M N I C J X R T O N E
T C J N A W K N E E Q O L W L
E H U E I E H A D A D A G A T
D Z D E D C U I M W S Q R T
Z N H R N R E H T R O N O T A
A P X G S O U T H E R N R S W
```

55

```
G L M E L A G N I T H G I N T
N O O C S B S C R E E C H O W L
I U T K E A N O R E H T H G I N
U G O I B R S P O T T E D O W L
G N P N A E J P F O X J M R K L E H
E P G R D I A K A R M W W Q T
P O B O I O W R K A E W X H L A U
E R R W L K K J A O N H E Q
L T W D L K B E T T S L G R A O
T I E L F O W L P H O I O R F
I L W O O D C O C K G N B U F
L L T O R R A P T H G I N A P
E K A R C N R O C T Y R N P K
```

56

```
G N I T N U R G P F A P I N K
E C I O V U D R C L I F F Y V
M I L E S R E B M U N U Z L U
E D R I L D O E P I R T S L A
V L E B A R E C X L O R P A T
I I I V T S I O E K F F A C U
T W O S E P C D F Y I P A I R
R Z T B G O O N R L T P T E S
S H O S E R G R S O A O T I S
I W C E G G E N C R I R V C T
U O I R R N P E T U S V C N
Q L X O A A I A D D U S B N
N L E F S E O W L I O T A G
U E M G N I S S I H N L Y L
B Y D N A L B U R C S G G D C
```

SOLUTIONS

57

```
W O L B M L O W W O Z D G E O
S A W O T P M O G I T R E V E
B K R C T F A L K G A J O Y M
E S C R O W N L Y W W O F K O
O N I M O D Y A O C I L A C R
H T R B C W D F T R F A W X N
G F W I Q A D A G I O I P E
U W O O T U S S G C A W O S
O J X N R M E Z L P S L T I W
H G O N O R V S O U I E O T O
T H W I P C W L W T L O R A L
L E N M A A I H I T L I A P L
A L I M X O T C S U Z G T L E
I L E J W H O I O I D U A O B
J O W S F E M E W O B B H L W
```

58

```
D R A T S U B E B E R G D N Z
O M O A U K P I V K L P A G T
O N C O R M O R A N T C E S F
K O S L R R B A F E I S E W I
C C P L A A T N C L E U N A C
U A O I R T Y T E E V E K C A S
C R N B O S O P K F G C K A Y
D U E N K R E I O R S T C M K
R A T X R U T S T E T E P I N S
A E O O I K T T K S O Y H E U
Z U R H A L V A F M J O T E D
I L W D A X R A M A C A J R P
L B E I A I N E A L E C Q G L
Q E F G N I W E R I H P P A S
T A H B B L A C K H A W K T I
```

59

```
R E M M I K S K C A L B O E D
W U L I T T L E G R E B E S A
S I A U P I T T A E Z A G P E
R A I N Q U A I L C U J B H
Y E R P S O M C C L H S N T E
G P O K R E M A H O U U N M L
A M I L K Y S T O R K R K P F
R A W T M S P S X N A F H U F
G L S U O H N S F A R S O N U
A E G W N O O L C I I T C R A B
N O A J W K A I N D Q O N I B
E R I D P Q F B Z N R T B B R A
Y P U H K G L A P I X E I I N
B C W K M A L L A R D R L S
K L E R T E P E P A C J L E T
```

60

```
O D J K L E H N E R T M V B P
F H R E K A E S T N E R D N R
U K W O I E O R N A D N K O I
B I P V F W U O S S O R F R N
S D W U H F Q C A R T E R T C
O D D I E P I T M A N A S E P
Y M J N N S Q L E Z E E N O R
R B W V U T D E C V J W Z R N I
O E A K T L E G A L F M E N L
C E T O K R R D X N A N U L
K Q S S L E C E L R B N U E L
H R Z C A E P W D E A B W B I
E F A V G M Y P I E U M E K P
G U L L I C K R E C C A D L Z
T D S F C P S Y K L N Q A E S
```

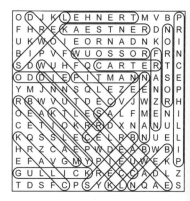

SOLUTIONS

61

62

63

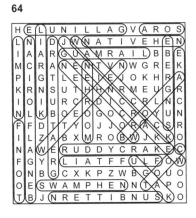

64

SOLUTIONS

65

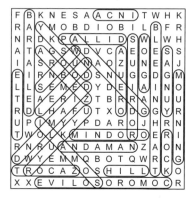

66

67

68

SOLUTIONS

69

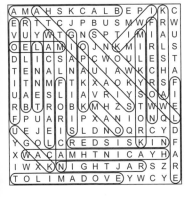

70

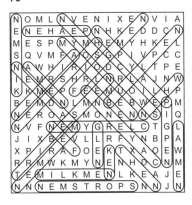

71

72

SOLUTIONS

73

74

75

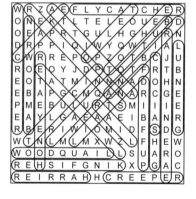

76

246

SOLUTIONS

77

```
G R E Y N H C N I F N E E R G
G O L D E N F A C E Z U U Q H
A G E L F F U P G N I W O L G
G G E G O O S E O A N W T A G
A U K S T A E R G T O L O E M
Y K T E N N A G M T C A M E J
Y E G K W A H S O G I L O E T G
E N L R E C Z J Q R P A R L S O
N A I L A M O E G E T F E L E L
G M U A N G I B B E R B I R D
R G X U W D I G E N Y A U C F
A T R G O D A S G R G I G D I
G R O U S E A L G A L A H L N
T I W D O G O G A G M U O O C
G G L O S S Y I B I S G U G H
```

78

```
C O P E P T E R Y X I P P L U
B A A R G E N T A V I S D S Y
S O C A H R S U R O H P I I A
X Y U V A O M T N A I G H N D
I C A D Y P T E S D B S C R Z
O Y O P H Y S O R N I S R O E
O D T A E P Y O R N I S A T B
O K W E K F M B R L W F D N I
A N T H R O P O R N I S H O L
Z N P K R A L J T N X C Z R L
K S I N R O T S A G B N A B S
L D I S I N R O K C O L L U B
A S I A N O S T R I C H K T E
B K F Q P A O M D N A L P U M
K E L E N K E N T I T A N I S
```

79

```
E E O P Q O H D O O W O L S T
W P N D F I G B I R D L L I
K Y T N R T C O C H O A L W M
Y G A K H I E F G W K A I O R
A M V R X C B B M F L R A F E
M Y A A S A W R R J A T N H B
A G D C Y T S S E A P C N L I
N O A Q P B N S L K B A R G R
A K V U T I O Y V D N R O N E
K S A E C R O M B E C I H U E
I E H T F D S R R M F Y T J A
N I D T P E A F O W L D M C T
V O Q A K I N G F I S H E R E
K R K I E B R O A D B I L L R
L A C L R E P I P D N A S F C
```

80

```
H C R A N O M Y M N C R E C G
M Q C D J G C B K G F M K N X
M Q L P U O M A N I T B I H Z
M O U R N E R I R K N U X O R
E G R A C K L E S U G G E R E
C B C N N S H M S N O R L N L
N A H R O J G L E R O T E E T
A B I G E C T P S O U W B R T
O L C B E E A H S Q K O C Q A
L K U V L P T O C E Y C A T
O T E E I L H E E B A S E G U P
R R N E S R F R R I T B N W J
O I R J A C K D A W R Z H X Q
M O S A R C E G A U E D I Z P
C O W B I R D U Q E L F O N Q
```

247

SOLUTIONS

81

D	N	A	L	B	U	R	C	S	E	G	A	R	O	F
N	W	E	U	Q	I	N	U	H	E	A	V	I	L	Y
U	H	T	S	E	G	R	A	L	E	T	I	H	W	T
O	I	D	R	O	O	P	F	E	A	T	H	E	R	S
S	S	U	L	W	Z	R	B	A	N	D	E	D	E	F
B	T	E	O	A	E	Y	E	S	I	G	H	T	N	N
H	L	T	S	W	N	C	O	M	M	O	N	U	D	O
O	I	P	O	T	O	R	C	R	E	V	I	C	E	S
L	P	L	A	S	K	U	L	H	T	Q	G	M	T	
L	G	M	T	L	S	E	I	T	L	M	R	N	I	R
O	R	S	H	A	E	P	R	W	C	E	A	O	C	I
W	E	O	G	C	C	A	Y	O	O	M	N	H	L	
S	A	U	I	G	N	I	L	F	F	U	N	S	E	S
U	T	N	P	U	R	S	U	I	T	I	P	S	S	
E	M	H	E	A	D	S	Z	D	E	L	T	T	O	M

82

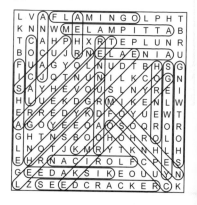

E	R	A	B	Y	C	A	G	E	D	A	E	J	T	D
V	N	E	W	D	L	U	O	H	S	O	I	U		U
A	D	R	D	R	Z	J	E	A	S	X	W	R	M	B
N	C	D	A	R	V	M	W	N	P	W	N	B	B	F
K	L	F	N	G	A	S	B	K	D	O	I	L		O
T	A	S	U	E	E	L	T	R	L	H	T	I	W	U
D	P	X	L	Z	D	I	L	O	L	I	W	N		N
A	P	C	W	G	T	R	E	Z	K	I	M	G		D
A	E	E	I	D	N	Y	F	A	W	A	E	A	T	
L	D	Y	L	N	R	I	P	R	E	T	E	N	C	E
I	Z	E	D	I	A	R	N	E	R	O	F	E	B	D
G	T	S	I	M	E	Z	O	E	Z	W	H	A	T	U
H	S	C	U	L	L	I	O	N	V	C	O	O	K	
T	P	R	O	U	D	G	N	I	R	E	V	O	H	L
S	D	N	W	O	R	G	D	E	D	O	O	H	D	C

83

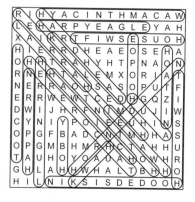

R	I	H	Y	A	C	I	N	T	H	M	A	C	A	W
L	E	H	A	R	P	Y	E	A	G	L	E	Y	A	H
X	A	I	K	R	T	F	I	W	S	E	S	U	O	H
H	I	E	R	R	D	H	E	A	E	O	S	E	H	A
O	H	H	T	R	A	Y	H	T	P	N	A	O	R	N
R	N	E	H	T	A	L	E	M	X	O	R	I	A	T
N	E	R	R	A	O	H	S	A	S	O	P	U	T	I
E	R	R	W	E	W	T	C	E	D	H	G	Q	Z	W
D	W	I	J	H	R	F	N	M	D	U	J	I	I	S
C	Y	N	I	Y	P	O	I	E	E	U	H	I	N	S
O	P	G	F	B	A	D	C	N	I	M	H	H	A	U
O	P	G	M	B	H	M	R	H	C	T	A	H	H	R
T	A	U	H	O	Y	O	A	D	A	H	O	W	H	H
G	H	L	A	H	H	W	H	A	L	T	B	H	H	
H	I	L	N	I	K	S	I	S	D	E	D	O	O	H

84

L	V	A	F	L	A	M	I	N	G	O	L	P	H	T
K	N	N	W	M	E	L	A	M	P	I	T	T	A	B
T	C	A	H	P	H	X	R	T	E	P	L	U	N	R
B	O	C	U	J	R	M	E	L	A	E	N	I	A	
F	U	A	G	Y	O	L	N	U	D	T	B	H	S	G
I	C	J	O	T	N	U	N	I	L	K	C	O	G	N
S	A	Y	H	E	V	O	U	S	L	N	Y	R	E	I
H	L	U	E	K	D	G	R	M	K	E	N	L	W	
E	R	R	E	D	Y	K	D	F	O	Y	U	E	W	T
A	G	O	Y	E	A	O	S	O	Q	R	O	R	O	
G	H	T	N	S	B	O	O	H	O	R	Q	L	H	
L	N	O	T	J	K	M	R	Y	T	K	N	H	L	H
E	H	R	N	A	C	I	R	O	L	F	C	P	E	S
G	E	E	D	A	K	S	I	K	E	O	U	U	Y	N
L	Z	S	E	E	D	C	R	A	C	K	E	R	C	K

SOLUTIONS

```
T C H E S T V A R I E D Y M I
Y D O E G T R G Y E Q L H I D
P D E D H A D S R A L G O X G
E D I R I U R T E E M T L E R
S D O N L S R O B D N E L D A
V A B D S T E Y F A P C O Y S
T O I P S R S E I A B R W H S
W A S V P A U L N M R G S B L
N M I M A L L L D A E H O T A
Y F M E H I T O B S E B G D N
L L I M R A E W R W D D N F D
I U L B E R D D I O I I I S
M F A E P C U Y G H N V T N D
A F R R D E E F H S G I A C I
F S E S T C A R T T A V M H B
```

```
E K A T P A K E X I N T A K E
G J E E K A R W E K A M N U H
I D K N A M E S A K E P C P C
E W A K E J O E T E D W H V A
X K W I S H E K A G E C E H
K E A S D L A A R A K H T K T
A E E B K T T B V E T E D A O
E P K O E E F A C E G R H H O
R S A A R L G C H U E C E S T
B A R T S B W K K Q P G A V S
Y K D C R R C A E A E C D N O
A E Z A X R E C C P J L A K E
D C K K S T Z H I O K K C K N
G E H E S B E E N K E E H L E
C U S L A K E K A S E S E N Y
```

```
F M V N A C I L E P M L T K X
X E Q B A B B L E R U N E A B
L L S F U L V E T T A S Y B U
L I V R A J T H G I N R R O S
I T X S M I T O F G A O A O H
B E W R A K L T L H K L B W
T E J N B G W L C K E E N O A
O L S V B I R N U R E Q R O R
R O R H N L I E G O A M O B
R I E S R F F O P A G H T O L
A R P C E I S L C E L N N O E
P O P R P H K N P C E A E B R
T J I B A A E N V M R C Y N
B F D W Q E K J R A M A C A J
W T K C Z P P E V L I F A P P
```

```
N D T W E D G E B I L L D S L
U R C L L I B G N O L B N I J
Y I H S A D D L E B A C K T D
A B A V Y T R D R I B T N A L
L R G E I R E I K A M K O B
L E R S A T I N B I R D Q E R
E H A S U Q R Y D P Y N S P E
T C U C K O O S H R I K E A L
T T X G S P A R R O W H V C T
I U P U A Q Y J R E O M W Q S
S B A P J G U A H N L E E V I
L O G R U N N E R N T L R F H
L W I F I S C A L G B F I W
O R I O L E T E V I N I M R V
B O A T B I L L I B N R O H T
```

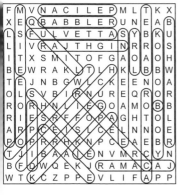

SOLUTIONS

89

```
T E R E K S A N D P I P E R I
U P X C H I M N E Y S W I F T
N I L R E L B R A W E G D E S
J O I S I B I Y S S O L G X
R K R L A U G H I N G D O V E
E A S E K R O T S K C A L B G
X J K F H T R K G S R N U M O
F B F U R E V E O M W S T U L
F M Y W H O L Y T O T N A T D
K K E P K O C P R A R L H E C
X M V H U K V K R I W I C S R
S I F L N F X D D U W N W A E
R V A R O S F B B O P P I A S
S A N D E R L I N G V U H N T
T E R G E Y W O N S R E W Q Y
```

90

```
A T F I W S E N I P L A H F A
A J A L A A P O M Y N A U K A
K C U D N A E D N A A Y I A S
A O A A T I U S W I F T L E T
F F A B B A U A I N A I N A R
R E L T I R A B U S U O G E A
I N O A R G Z A H Y C R A H P
C A P T D U A V L A C A O I
A P A L I S B K A O C A N K A
N A I I A E U A F I E C E U E
P P K V L E R N N K R E N H G
I A A B O U K T H W I S T O N
T I U A M A O E T A G K V K H
T L W A T R P N K D I O I A I
A X A K A L A A T X A O A A G A
```

91

```
Y D E T T O P S T C E S N I Y
D S E C I V R E C C S S P A
O P E R S S O R C A N E R Z W
B O C I I N E A J N O A E U S
L I N D M U A E E E H T P D W
U N A E I T C D R S K O N A S
E T R R L H C G T A A I J
I A I I A A E E V H L E N E N
S D N S R T S W K D R U R Z A
H D E E F C S A O Q S O W A I
S A Q D R H J O H U D M A P S
O B S I Z E W P A L E R U T A
N B W H I S T L E D H A R D R
G E W I N S I D E R I V E D U
C R E L A M E F E R U T A M E
```

92

```
T M A L K O H A D H Y P F G L
O F R A N C O L I N F P J N L
R O X K K W A C H O U G H I I
R X T P A R T R I D G E Q L B
A P M Y E P G V F T W H U R E
P E I M R L A I N O G Q A A H
G C E G L A R R S Z D M I T S
N K K D E E N S R B B C L S Y
I E R S F O A N N O X Q F A C
G R W I H R N B U F T O I L S
N U N Q U E L E A L S N L H
A C N C T O U C A N E K C U D
H L L I B N R O H M K T H G V
D W A R F H O R N B I L L Y A
S C I M I T A R B A B B L E R
```

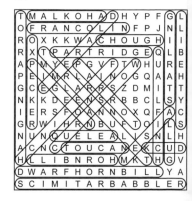

SOLUTIONS

93

```
T P U L M D R A Z Z I G T E S
U Y M S A F A A M A M T H W Y
P M U R O K O M S Y I H R N B
A S T V W A Z R A A K D O V I
L C E I M E U J M N B A A E R
O A L T I B I A V E T K T F A
A P T P D E Q F O M D L W E B
Y U T A R Y K S X Q P U E E Z
E L A R Y E U F L A N K L T V
N A W X T S K A T W K L H L L
D R U N R T C I A S Y T Y D A
I W E A P R R L J Y A S P A U
K V T F I C N D T I E J E C
U Q C H S P F L L I B O R H A
Y P G Q M E N P W I N G T B J
```

94

```
L I A R D O O W J R B H I Z L
O T R E T A E E E B N I U Z L
D N V T H O R N B I R D P L W
D A S H E A R W A T E R Q O O
W R P T I W I K D E T T O P S
A O I H E R M I T M T F F T I
C M B B T N E V A R I K Z E H
A R L P S M E D L C B N R E T
M O U G X S S I R R G W U K I
E C E R E V A E W A G P C I C
U B H Z L T S R M K T Q N R U
L V E K K C V T G E V S V O C
B E R R F P M M I A A G U L K
A X O R G G R E E N B U L B O
J F N P I W G G N I T N U B O
```

95

```
W B O T U L P Z O C O M Z I G
O E L Z D X J R P T I M O C P
D L I P U A E V U O N P U E S
U L U I Y Z P W K I M P P E O
H O U D O J B L O E A W W A W
S W I J I P R B T R O M A N K
Y G O U T G R O W L E M K O R
H I T C X Y T D L O O G A T R
W N W E A L L E G R O X D S B
O G N O B L Y E R C O R T E M
D K J U L W L O B L J V W R H
A O I R D L W X H E H O T P O
H O L L O W A B X V L E E Y W
S U A E T A H C E B O X B O W
W A L L O W M V F O L L O W X
```

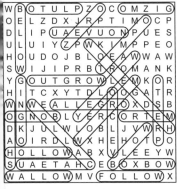

96

```
E Z Z G N I T N U R G K P U W
D H O M E H O T P S G R O U P
R R Y L G U N M N S I N G L E
O N Y K I A B N A M E J J A I
W R N E G L I O F A N L C M A N
X O T E A M D R G G Y E I G T
B B L C U L I A N G R S E G R O
H E K T E L E I N I A T R R O
G N E K Y R S E C R I S U E D
U X A K Q S T A U H K A T S U
A M W W I M S E W F E L A S C
L Y E H S W W U S E T A M I V
Z L H M O N O G A M O U S I D
L R S D O O R B O S D K C E N
Y L I S A E G D U C K L I N G
```

SOLUTIONS

97

98

99

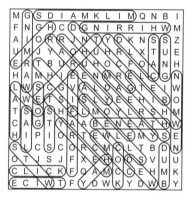

100

SOLUTIONS

101

```
A I P A R T S A N R L F A D R
D X P W F T A E E O R R E N
R D O H R J Z T E L Z I J X K
A R T D G B A D L X B T N C E
T I O S F E I R E I Y A S K
S B O T E R B O T I M W D E
U A O E T E E A R O B O I C H
B L B P O N G L S I R E F K F
T L V H A I A S E G B A R P L
A E S K R K A R E V E L P Y M
E R E F N R A G O N O B I K L
R B Y H U G A K N M V H J O N
G M W C A S S O W A R Y S R R
D U L I Z L L I B N R O H M V
T R A G O P A N R E T A C N I
```

102

```
E T C T R U M P E T E R D D L
E N A I C Q C L E S A O P E L
O N I D T R P N X L U F P D O
L N O P D R E V L V M O G O P
E B E S U R I T S P R H O D
K R N P I Y G L H Z E X H H E
H A W F I N C H C E A C Y P R
C M E N I C W R N N R R Y K
N B N R E B Y F I S O A R A
I L F I M M I D F N E S N R E
F I W Q K N E E L N R S A H B
D N V R C S S L L E O B C U S
L G M H E O I S U T Z I C L O
O Z P R R K L S B N A L B A R
G T T N A E P O R U E L M G G
```

103

```
Z T D U B A R R A B A N D N J
U G S I W E L T T O B B A O S
V S B O L G V F H V S P C X N
E B K R A A Q A L G W G S I N
I R L G E O R R R O U X D I
Q O E J O N S S O N W N W A U
G W E Y Y K D D E Y P F K U Q
A N Q W B A T E R N E U V D N
L E I H N H V E R L B Y R U B
E M K H O U T T L S U O T B R
R S N R O A S A A M S K D O O
A M P K L A C D K E V B F N O
V E H S M I T H I X G N I T K
A S O R M A U D E B E R T P S
M U L L A R N E Y A B C Q V D
```

104

```
N D N Q A W D E V I S S A M R
E T L S U N B U R N E D B P D
C Y S A U X I I Q A A G S O N
K P D O B N E M R I C N T U A
A I F T U H U T A D R I O C L
P C K F J N D S H L O T R H S
P A W U S A D C U L S R K F S
E L E T P S A S O A S I D J A
A U T A A E K N B C L U E S R
R O L L R P G I X K G Q O S E
A B A L C N L L N I T S S P U
B N O S L E S G N I W I O L
C R D O I G Z D M G Y F M H A
E A S C S U N D E R T A K E R
A M E T H O D S T A T I B A H
```

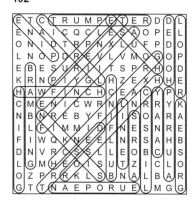

SOLUTIONS

105

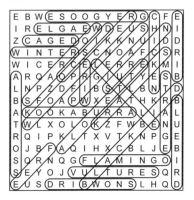

```
E B W E S O O G Y E R G C F E
I R E L G A E W D E U S H N I
Z C A G E D O I K K N U I D D
W I N T E R S C N O A F C S R
W I C E R C E L E R R E K M I
A R Q A O P R G I U Y E S B
L N P Z D F I B S T L B N T D
B S F O A P W X E A T H K R B
A K O O K A B U R R A L I A L
T W L X O L O K Z F W B E N U
R Q I P K L T X V T K N P G E
O J B F A Q I H X C B L J E B
S Q R N Q G F L A M I N G O I
S E Y O J V U L T U R E S Q R
E U S D R I B W O N S L H Q D
```

106

```
K Q A O M T N A I G J N N S I
C A M P B E L L T E A L I G S
K X D G C D O D O K K B U H O
E U C I W A S O E A E G O M
R G A A Z U W W G R L A N L A
K N S N E C N U E E S B E A L
V E S T H K V T P M N A P N I
K G O C A L P H R U I S S A O
T U W O K A A Z M S P P U O S
D D A Q A N M I G A E H R M T
M V R T T D O P I W R J F C R
J A Y B A T N N B W A O Z A I
C L I A R E L B I S I V N I C
S R E A W A R G E Y L K U L H
D E T S W L F G O P A K A K J
```

107

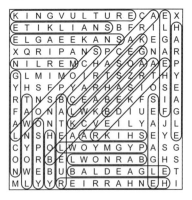

```
K I N G V U L T U R E C A E X
E T I K L I A N S B F R I L H
E L G A E E K A N S A K E G A
X Q R I P A N S P C E G N A R
N I L R E M C H A S O A A E P
G L M I M O I R T S Z R T H Y
Y H S F P Y A R H A S I O S E
R T N S B C E A B E K F S I G
F A O N A L W K B D I U E F G
A W O N T K C V E I L Y A J L
L N S H E A A R K I H S E Y E
C Y P O L W O Y M G Y P A S G
O O R B E L W O N R A B G H S
N W E B U B A L D E A G L E T
M L Y Y R E I R R A H N E H I
```

108

```
H C N I F F A H C L G N H E Q
U E T I K K C A L B T P V P G
G B L A C K B I R D U O P N D
V J X T F B V M J D K I L Y
L R S S U N L A D K L F W Z
M E P I R A G W C N R N L O Z
H H T O S P D O G A N I L R
P C H T I K R F T V L B N M
A T S E U C I S H S C O W A U
R A P R F S B N L S E R R W U
A C A N H L N G M G U T O S Z
K Y R E X R U Z I B I R W M
E L R A K L S P M N D I H U Q
E F O O L T J A K V F X Q T V
T E W C O A L T I T E U L B G
```

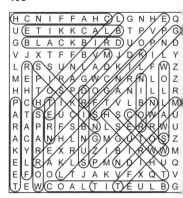

254